マドンナメイト文庫

素人告白スペシャル 年の差不倫——背徳の肉悦

素人投稿編集部

第一章 年の離れた男女が曝け出す淫靡な痴態

取引先の社長夫人に誘惑された私は蕩ける還暦マ○コにむしゃぶりつき！　浅香隆史　会社員・三十五歳……6
中華料理店の優しい大将と意気投合六十路越えの熟練ペニスを頬張り……　奥寺恵　パート主婦・三十五歳……26
男臭い工事現場に勤める麗しの若妻野外簡易トイレで放尿現場に遭遇して　朝井勝己　建設会社勤務・六十五歳……44
同居する長男の嫁の自慰行為を目撃し久しぶりに勃起した老肉棒を挿入！　小宮幸男　無職・七十一歳……62

第二章 忘れかけていた欲望が甦る魅惑の女体

不遇な過去を持つ教え子との再会……寂れたスナックで互いの肉体を慰めて　多喜本隆一　非常勤講師・六十三歳……80
性欲を持て余すドスケベ派遣ＯＬが夜のオフィスで部長の牡幹を呑み込み　河野安奈　派遣ＯＬ・二十七歳……98
ボランティア仲間の人妻に誘われた私四十路の牝穴に熟成男汁を大量発射！　渡辺義久　無職・六十八歳……116

第三章　熟練の性技に溺れ肉悦を堪能する人々

天然おバカキャラのハーフ美女と私 グラマーな肉尻を貪り背徳の不倫姦！　宮下孝雄　飲食店経営・四十六歳……134
セックスに自信のない若手社員を想い 豊熟乳でご奉仕する五十路清掃員！　田中みゆき　ビル清掃員・五十五歳……154
スポーツジムで出会った美熟女を誘い 酔った勢いで互いの身体を刺激し……　菅野雄三　無職・六十五歳……170
可愛い嫁を放置する息子に代わって 女盛りのボディを味わう心優しい義父　桐島康徳　無職・六十八歳……186

第四章　永遠の快楽を探し求める牡と牝の本能

色気を放つアラサー美女を口説いた私 ドMの女芯を老練の技で責めまくり！　佐久間良治　自営業・六十二歳……204
愛する旦那のため肉体を捧げる貞淑妻 快楽の虜となり自ら挿入を懇願し……　堀久志　会社員・五十六歳……222
熟女看護師になった教え子との邂逅 二人きりの病室で念願の生セックス！　大原喜一　塾講師・六十五歳……238

※本書に掲載した投稿には、読みやすさを優先して、編集部でリライトしている部分もあります。なお、投稿者・登場人物はすべて仮名です。

第一章

年の離れた男女が曝け出す淫靡な痴態

取引先の社長夫人に誘惑された私は蕩ける還暦マ○コにむしゃぶりつき！

浅香隆史　会社員・三十五歳

私の仕事は事務機器リース会社のセールスマンです。新規開拓の飛び込み営業はほとんどなく、すでに取引していただいている顧客の事務所を回って、新製品が出たら紹介したり、消耗品などの補充を行うのが主な仕事なんです。

先日も、いつもお世話になっている税理士事務所さんに伺いました。そこは社長と奥さんの二人でやっている小さな事務所です。

「こんにちは。いつもお世話になっております。何か不足しているものなどはございませんでしょうか？」

ドアを開けて事務所の奥に声をかけました。いつもなら社長が正面の大きな机の前に座ってパソコンに向かっているのですが、その日は見当たりませんでした。

「あれ？　社長はお出かけですか？」

横の机で仕事をしていた女性にたずねました。その人は社長の奥さんで、五十嵐幸子《いがらしさちこ》さん。年齢はたぶん六十歳ぐらいだと思いますが、銀縁眼鏡がよく似合う知的美女で、私が中学のころにあこがれていた数学の先生に少し似ているので、実はこの事務所に来るときは幸子さんに会えるのが楽しみだったりするんです。

「社長なら、大阪に出張に行っちゃってて、今日は帰ってこないわよ。それに不足してるものは、いまは特にないかな。ちゃんとアポを取っとかないから、むだ足になっちゃったわね」

「あっ、いえ、むだ足だなんてとんでもない。近くまで来たもので、ちょっと顔をお出ししただけですので」

それに幸子さんに会えたから全然オッケーです、と私は心の中でつぶやきました。

「では、私はこれで失礼します」

そう言って事務所から出て行こうとすると、幸子さんに呼び止められました。

「ねえ、ちょっと待って。仕事も一区切りついたし、今日はもう店じまいしようかなと思ってたところなの。でね、頂き物のワインとチーズがあるんだけど、いっしょにいかがかしら?」

そう言ってにっこり微笑む幸子さんはすごく色っぽくて、私は断ることなどできませんでした。

「いいんですか？　じゃあ、お言葉に甘えて。では、会社に連絡だけ失礼します」

私は会社に電話を入れて、今日は、このまま直帰すると伝えました。まさかお酒を飲んで会社に戻るわけにはいきませんので。

そして、事務所内の応接スペースで、ソファに腰かけてワインを飲みはじめたのですが、幸子さんは意外とお酒が好きみたいで、グラスを何杯も空にしていき、しかも酔うとますます色っぽくなるんです。

「ああ、なんだか暑くなってきちゃったわ」

そんなことを言いながらブラウスの胸元をひろげて、手で風を送ったりするんですが、意外と胸が大きいようで、谷間がのぞいたりするんです。

かと思うと、ソファに深く腰かけて脚を組み替えるときに下着が見えて、私の股間がムクムクと形を変えはじめたんです。

ズボンの中で勃起したペニスが折れそうになってしまい、私がソファの上でモゾモゾと体勢を変えていると、幸子さんがいたずらを思いついた子どものように、不穏な笑みを浮かべました。

「あれ？　ひょっとして硬くなってきちゃった？」

「え？」

言ってる意味がわかりません。まさか知的な幸子さんが、そんな下ネタを言うなんて想像すらしたこともありませんでした。

だけど、幸子さんは身を乗り出すようにして、私の股間をのぞき込みながら、もう一度はっきりと言いました。

「浅香《あさか》さんのオチ〇チン、硬くなってきちゃったんじゃないかしら？」

そして、膝をかすかに開いてみせるんです。太ももの奥がチラリと見えて、私の口の中に唾液が一気に溢れ出てきました。

それをゴクンと飲み干して、私は首を横に振りました。

「そんなことは……」

顧客の女性に欲情しているなんてことがバレたら、取引を切られてしまうんじゃないかと思ったからです。それどころか、上司に報告されたらクビになってしまうかもしれません。

だけど幸子さんは、許してくれません。私の横に移動してくると、いきなり股間をつかむんです。

「ほら、こんなに硬くなってるじゃないの。ごまかそうったってダメよ」

「やめてください、幸子さん。ちょっと飲みすぎですよ」

「そうよ、飲みすぎたわよ。酔っ払わなきゃ、こんなことできないわ。私ね、前から浅香さんのこと、いいなって思ってたの。だから、私に欲情してくれていると思うとうれしくって」

まさか、幸子さんが私のことをそんなふうに思ってくれていたなんて……。

「いまの言葉、ほんとうですか？」

「ええ、ほんとうよ。ねえ、抱いてくださらない？　私をイカせてくれたら、新規の注文をしてあげてもいいわよ」

以前から好意を持っていた幸子さんにそこまで言われて、男盛《ざか》りの私が断れるわけがありません。

「ぼくも前から幸子さんのことが好きだったんです。ここに来るときはいつも、幸子さんに会えることが楽しみで、うきうきしてしまうぐらいだったんです」

私は幸子さんを抱き締めてキスをしました。幸子さんも私に抱きつき、キスを返してきました。大人のキスです。舌を激しく絡め、クチュクチュと唾液を鳴らすんです。

幸子さんの荒くなった鼻息が私の頰をくすぐり、彼女の興奮の度合いが伝わってきました。

それに、幸子さんのオッパイがムニュムニュと私の胸に押しつけられるんです。着やせするタイプらしく、そのボリュームは想像以上です。

「ああん、暑いわね。汗をかいちゃうわ」

不意に体を離して、幸子さんブラウスのボタンをはずしはじめました。

私がグズグズしているから、じれったくなったようでした。

「すみません、ぼくにやらせてください」

私はブラウスに手を伸ばしました。

「そう？ じゃあ、脱がしてちょうだい」

幸子さんは両手をおろし、私に向かって胸を張りました。ブラウスがはち切れそうになっています。そのボタンを、私は一つ一つはずしていきました。

すると、ブラジャーからこぼれそうになっている白い乳房が現れました。

「これも取っちゃいますね」

ブラウスを幸子さんの両手から引き抜くと、私はいちおうそう言ってから今度は抱き締めるようにして幸子さんの背中に腕を回して、手探りでブラジャーのホックをはずしました。

カップが勢いよく浮き上がり、乳房が重たげに揺れるんです。私は生唾を飲み込んでから、ブラジャーも幸子さんの両腕から引き抜きました。

背筋をピンと伸ばして立っている、幸子さんのオッパイが目の前に現れました。

「ああ、幸子さん……すごくきれいです」

私は溜め息のような声で言いました。

白い肌はしっとりときめこまやかで、呼吸に合わせてぷるぷる揺れている様子は、すっごくやわらかそうなんです。

しかも、その頂《いただき》にある褐色の乳首は、もうツンととがっているんです。男の本能として、それをしゃぶりたくてたまらなくなってしまうのでした。

「幸子さん！」

私はその場に膝をつき、幸子さんのオッパイに食らいつきました。そして、両手で二つのオッパイをもみながら、交互に乳首を吸いはじめました。

「ああぁぁん、くすぐったいわ。浅香さんはそんなにオッパイが好きなの？　まだ子どもなのね、かわいいわ。はあぁぁぁん……」

幸子さんは、夢中になってオッパイを吸っている私の頭を愛おしげに抱きかかえるのでした。

確かに私は母性に飢えていたのかもしれません。昔から年上の女性が好きだったのは、マザコン気味なのかも。そういう点から見ても、幸子さんは私にとっては、自分の性癖をさらけ出せる最高の女性なのです。

私は幸子さんの豊満でやわらかいオッパイをわしづかみにして、本能のままにもみまくり、乳首をしゃぶりつづけました。

「あぁぁ、気持ちいい……すごくじょうずよ。はあぁぁん……」

幸子さんは体をくねらせながら悦びの声をあげます。

私は片方のオッパイをもみながら、もう一方のオッパイの硬くとがった乳首を吸いました。コリコリとしたその感触を舌で楽しみ、さらには前歯で軽く甘嚙みすると、幸子さんの体は感電したようにビクッ、ビクッと震えるんです。

そうやってオッパイをもんだり舐めたりしていると、幸子さんがなんだかもどかしげな声を出しはじめました。

「あぁぁん、浅香さん、もうそろそろ……」

オッパイは大好きでしたが、もちろんそれ以外の場所にも興味はあります。幸子さんがそれを求めているなら、なおさらです。私はオッパイから愛撫の対象を下のほうへと移動させていきました。

「はい。今度はこっちを気持ちよくしてあげますね」

私は幸子さんのスカートを脱がして、パンティに手をかけました。

「あぁぁん、恥ずかしいわ」

そんなことを言いながらも、幸子さんはその場に立ったまま、すべてを私に委《ゆだ》ねてくれているんです。

私が膝立ちになったままパンティをゆっくりと引っぱりおろすと、黒々と茂った陰毛が現れました。おそらく手入れなどまったくしていないのでしょう。その茂り具合と、眼鏡をかけた知的な顔とのギャップがたまらなくいやらしいんです。

幸子さんに両足を交互に上げてもらい、パンティを足首から引き抜くと、それをソファの上に置き、私は幸子さんのほうに向き直りました。

そして、全裸で立ち尽くす幸子さんをじっくりと視姦したんです。

「あぁぁん、いや……もうお婆ちゃんなのに、そんなに見られたら恥ずかしいわ」

「お婆ちゃんなんかじゃありません！　幸子さんはまだまだムチムチで、すっごくエロいです。ああ、ぼく、たまらないんです！」

私は強い口調で言いました。そして、抱きつくようにして幸子さんの股間に顔を埋《うず》めました。

女性器の濃厚な匂いが私の鼻孔に流れ込んできました。それは、なんとも言えないいい匂いで、私の股間にズキンと衝撃が走りました。

「ああ、幸子さん……」

私は割れ目に舌をねじ込みました。舌先がクリトリスを刺激したのでしょう、幸子さんが悩ましげな声を出して、腰が抜けたようにそのまま後ろに倒れ込みそうになりました。

ちょうどそこにはロングソファがあったので、幸子さんは浅く腰かける形になりました。

そこで私は幸子さんの両足首をつかんで、それを腋の下のほうへと押しつけたんです。幸子さんはM字開脚ポーズになりました。しかも全裸なので、オマ◯コが丸見えなんです。

「あっ、いやっ。これは恥ずかしすぎるわ。はあああん……」

幸子さんはとっさに正気を取り戻した様子で、両手で股間を隠してしまいました。

「ダメですよ。いまからもっと気持ちよくしてあげますから、手をどけてください」

「ああーん、それなら電気を消してちょうだい」

「ダメですって。お願いです、ぼく、幸子さんのオマ◯コが見たいんです。ね、いいでしょ?」

私はそう言って甘えてみました。すると母性本能をくすぐられたのか、幸子さんは大きく息を吐いて、「わかったわよ」と言い、手をどけてくれました。

「ああ……すごい……」

ほんの十数センチほどの距離に、幸子さんのオマ○コがあるんです。私は感動のあまり、しばらく食い入るように見つめてしまいました。

幸子さんのあそこは褐色でびらびらが大きく、まるで鶏のとさかのようなんです。使い込んだその姿は、若い女にはない、いやらしさをかもし出しています。

しかも、まだなにもしていないというのに大量の愛液を溢れさせていて、ぽっかりと開いた膣口が、物欲しそうにうごめいていました。

「あぁん、見てるだけなんてずるいわ。気持ちよくしてくれるんじゃなかったの?」

幸子さんが催促しました。それと同時に膣口が開いたり閉じたりして、いったいどっちの口でしゃべっているのかと混乱してしまいました。

もちろん私はそれ以上じらしたりせずに、幸子さんの膣口に口づけをしてあげました。そして、さっき上の口にしたのと同じようにディープキスをして、穴の中まで舐め回してあげたんです。

「はあぁんっ……そ、それ……あああん、気持ちいいわ。はあぁん……」

頭上に幸子さんの喘ぎ声を聞きながら、膣の中に舌をねじ込んで奥までたっぷり舐めてあげてから、クリトリスへと舌を移動させました。

「あっ、はあああん！」

ぺろりとクリトリスを舐めた瞬間、幸子さんはソファの上で体をのたうたせました。

その反応がうれしくて、私は幸子さんの太ももを抱えるように持ち、逃げられないようにしてクリトリスを乱暴に舐めしゃぶりました。

「あっ、ダメ、ダメ、ダメ！　ほんとにダメよ。あああっ……いや……はああん！」

そう声を張りあげた瞬間、幸子さんの体がソファの上で激しく跳ねました。その勢いで私は弾き飛ばされて、床の上にあおむけに倒れてしまったほどでした。

「幸子さん、ひどいですよ。鼻を打っちゃったじゃないですか」

顔を押さえながら体を起こすと、幸子さんはソファの上で体を丸めて、苦しげな呼吸を繰り返しているんです。

「大丈夫ですか？」

心配になってそう声をかけると、幸子さんは気怠《けだる》げに髪をかき上げ、顔を私のほうに向けました。

汗をかいているからか、もう眼鏡が曇ってしまっているんです。その曇ったレンズの向こうから、うるんだ瞳で私を見つめながら言いました。

「今度は私の番よ。さあ、そこに立ってちょうだい」

言われるまま私は立ち上がりました。すると今度は幸子さんが床の上に膝立ちになって、私のズボンを脱がしはじめました。

幸子さんにフェラチオをしてもらえるのだと思うと気が急《せ》いて、私は上着とシャツを脱ぎ捨てました。

それに遅れまいというふうに、幸子さんはベルトをはずしてズボンをおろし、さらにはブリーフも躊躇《ちゅうちょ》することなく、足首のあたりまで引っぱりおろすんです。

「ああ、浅香さん、すごく大きいわぁ……」

私のペニスはさっきからずっと勃起しつづけていたので、真っ赤に充血していました。

幸子さんが驚いているのがうれしくて、私は下腹に力を込めてペニスをビクンビクンと動かしてみせました。

「はあぁ……なんていやらしいのかしら」

驚いて目を見開くと、幸子さんはペニスにむしゃぶりついてきました。

「はあぁぁん……なんて硬いの。夫のなんて、もう絶対にこんなにならないわ。やっぱり若いってすごいわね」

両手でしっかりと根元をつかみ、おいしそうに先端をペロペロ舐め回すんです。そして、「お口に入るかしら」と言いながら、亀頭を口に含んでみせました。

「うぐっ……うぐぐ……」

幸子さんは舌を絡めるようにしながらペニスを味わいつづけるんです。しかも、ずっと私の顔を見つめたままです。その様子はいやらしすぎます。

「ああ、幸子さん……気持ちいい……すごく気持ちいいです……ううう……」

私は幸子さんのフェラチオの快感に、うっとりと目を細めました。そんな私の反応に気をよくしたように、幸子さんはジュパジュパと唾液を鳴らしながらペニスをしゃぶり、片手で睾丸を転がすように愛撫しはじめました。

お腹がひゅんとするような快感に襲われて、私の口からは思わず奇妙な声が出てしまいました。

「あっふひぃぃんんん……」

幸子さんは笑いながら、まだそのフェラチオを続けます。

そんなふうにされたのは初めての経験だったので、すぐに射精の予感が込み上げてきました。

「だ、ダメです、幸子さん。それ、気持ちよすぎて、ぼ……ぼく、もう……イッちゃいそうです。ううう……」

幸子さんはしゃぶる勢いを弱めるどころか、ますます激しく首を動かしつづけるんです。このままだと幸子さんの口の中に射精してしまう。そう思った私は必死にこらえましたが、そんなのは時間の問題でした。

「ああ……もう……もう出ちゃいますよ。ああああううう！」

そう叫んだ瞬間、私のペニスは石のように硬くなり、ビクンと脈動しました。そして熱い精液が尿道を駆け抜けていき、幸子さんの口の中に勢いよく迸《ほとばし》ったんです。

「うぐっ……」

喉の奥まで飛び散ったのでしょう、幸子さんはむせ返りそうになりながら、ぎゅっと目を閉じているんです。その様子がかわいらしくて、また私はドピュンドピュンと射精を繰り返してしまうのでした。

「すみません、ぼく……幸子さんのフェラが、あまりにも気持ちよすぎて……」

ようやく射精が収まると、私は幸子さんに謝りながら、彼女の口からペニスを引き抜きました。

ひょっとしたら「汚いわね」と怒られるかと不安に思いながら、近くにティッシュはないかと探しましたが、そんな必要はありませんでした。

「んん……んん……」

とくぐもった声で私の注意を引き寄せると、幸子さんはゴクンと喉を鳴らして、私の精液をすべて飲み干してしまいました。

「さ……幸子さん……」

私は感動で鳥肌が立ってしまいました。いままでに女性の口の中に射精をしたことはありましたが、こんなふうに飲んでもらったのは初めてだったんです。しかも、その相手が知的熟女である幸子さんなのですから……。

「すっごく濃厚で、おいしかったわ」

幸子さんはそう言うと、口の周りをぺろりを舐めてみせました。

卑猥すぎるその様子に、大量に射精したばかりだというのに、私のペニスはまたすぐにムクムクと頭をもたげ、すぐに天井を向いてそそり立ちました。

「す……すごいわ。いまイッたばかりなのに……」

「幸子さんがいやらしすぎるからですよ。今度はこっちで……」

私は幸子さんを抱き上げてソファに浅く腰かけさせ、とろけきったオマ○コにペニスの先端で狙いを定めました。

「いいわよ。来て。いっぱい気持ちよくなりましょ！」

両手を差し出しながら幸子さんは言うんです。その胸の中に飛び込むようにして、私はペニスをヌルンと突き刺しました。

「はあああん！」

幸子さんが声を張りあげて、私にしがみつきました。すると、しがみつく強さに連動するように膣壁がきつく収縮して、私のペニスを締めつけるんです。知的美熟女としてのイメージとのギャップに、私のペニスは悲鳴をあげてしまいます。

「ああ、すごい……ううう……きつくて気持ちいいです。ああ……」

そして、さらなる快感を求めて、私の腰は前後に動きはじめます。

ヌチュ……グチュッ……ヌチュ……グチュッ……と、抜き差しするたびにいやらしい音が洩れてきます。

「あああん、すっごく濡れてるからエッチな音が鳴っちゃうわ」

「ほんと、エッチですよね。ああ、たまらないです」

その音をもっと聞きたいといった思いから、激しくズンズンと突き上げつづけました。すると幸子さんの体がソファの上をずり上がっていくんです。

狭いソファの上でセックスをするのはなかなか面倒なものです。じれったくなった私は、幸子さんの太ももの下から腕を回して彼女の体をしっかりとつかみ、そのまま立ち上がりました。

「ああん、なに？　これ、怖いわ」

「駅弁ファックですよ。知らないんですか？」

「知らないわ。駅弁？　私が駅弁なの？　ああん、落ちるぅ」

幸子さんは、駅弁ファックなどという下品な言葉は知らないようでした。ただ、落ちそうで怖いらしく、必死に私にしがみついてくるんです。

「大丈夫ですよ。ぼくの硬いペニスがしっかり突き刺さってるから落ちませんよ。どうですか？　初めての駅弁ファックは」

私は幸子さんの体を上下に揺らしました。

「ああっ……だ、ダメ……奥まで……すっごく奥まで当たるの。はあああん……」

体重がかかるので、ズドン、ズドンという感じで、深く突き刺さるんです。そのたびに幸子さんの口からは喘ぎ声が迸り出ます。

「ああん！　はっあああん！　あっあああん！」

きっと落ちそうで怖いのでしょう、幸子さんの体に力が入り、同時に膣壁がペニスを引きちぎらんばかりに締めつけるのでした。

さらに私は駅弁ファックの体勢のまま、事務所の中を歩き回りました。こうすることでペニスが膣の中で無秩序に暴れて、普通とは比べものにならない快感をを得られることを知っていたんです。

案の定、幸子さんはふだんの知的な様子が嘘のように、喘ぎ狂います。

「あぁん、ダメぇ……もうダメよ。はあああん！　またイク！　あああん、イク！」

もちろん私のペニスが受ける快感もかなりのものです。

直前にフェラチオで大量に発射していたために、なんとかこらえることができていましたが、それも事務所の中を十周ほどするころには限界になっていました。

「ああ……幸子さん……ぼ……ぼくもうイキそうです」

「い、いいわ。中に……今度はオマ◯コの中にちょうだい」

「いいんですか？」

「もうこの歳だから妊娠の心配なんかないし、浅香さんの精子を子宮で味わいたいの」

「ああ、想像しただけで興奮しちゃいます。あああ、あああ……」

私は激しく幸子さんの体を上下に揺らしました。そして、すぐに限界に達してしまいました。

「あっ、イク！」

ズンと幸子さんの体が下に降りたとき、深く突き刺さったペニスがいきなり脈動し、その先端から精液が迸るのがわかりました。

「あっはあああん！」

その熱い射精を子宮に感じたのでしょう、幸子さんは私にしがみついたまま恍惚《こうこつ》の表情を浮かべ、膣壁が精液の最後の一滴まで搾《しぼ》り取ろうとするかのように、きつく締めつけました。

「幸子さん、最高でしたよ……」

「私も最高だったわ。やっぱりたまには若い男とセックスしないとダメね。また、夫がいないときに、よろしくね……」

「はい。こちらこそ、ぜひよろしくお願いします」

私としては、幸子さんとセックスできたことがなによりもうれしかったのですが、なんと新規の注文まで大量にいただくことができたんです。

重ねがさね、ありがとうございましたと、幸子さんにお礼を言いたいです。

中華料理店の優しい大将と意気投合 六十路越えの熟練ペニスを頬張り……

奥寺恵　パート主婦・三十五歳

子どもを保育園に入れるために仕事を探していたときに、ちょうど近所の中華料理店で、求人の張り紙を見つけました。

夫や子どもといっしょに何度か入ったことがある店だったし、保育園からも近いので、すぐに飛び込みで面接を受けました。

面接をしてくれた大将は、見た目どおりに気さくで優しい人でした。

「あれ!? 前に旦那さんと、来てくれたことあったよね?」

話したことはなかったのに、大将は私のことを覚えてくれていました。

「美人の顔だけは忘れないいんだよ」

冗談交じりのお世辞だとは思いましたが、投げかけられた視線に、男のスケベ心がにじんでいる気がしました。それでも警戒しなかったのは、大将が好みのタイプだったからです。

恰幅《かっぷく》のよい体にはコックコートが似合っていて、銀髪の角刈りは、清潔感がただよっていました。一回りくらい年上かしら、なんて思って見ていたのです。

面接は早々に終わり、すぐに採用が決まりました。

「いやぁ、よかった。正直に言うとね、若い女性が欲しかったんだ」

大将は小声でささやきながら、ペロッと舌を出しました。

三十五歳で若いと言われたことに驚きましたが、働くようになってから、ほかにいるアルバイトが、大学生の男の子と五十代のオバサンだけだったので納得しました。オバサンは、仕事ぶりこそまじめでしたが気が強く、優しい大将には扱いにくかったようです。

面接のあとに少しの雑談タイムがあり、大将の奥さんが二年前に亡くなったことや、それを機に店を閉めようとしたけれど、ほかにやることもないので続けているという話を聞きました
お子さんもそれぞれ離れた場所で家庭を持っているので、なかなか会えないとも言っていました。

翌日から、週に三日働かせてもらえることになり、張り切って出勤しました。

大学生のアルバイトは厨房で皿洗いや調理補助をしていて、私は五十代のオバサンと交代制でホールを任されました。

ランチタイムはそれなりに忙しく、久しぶりの立ち仕事にクタクタになりましたが、大将からは「覚えが早いね」なんてほめられて喜んでいました。

開店から昼まで働く日もあれば、オバサンの都合によっては昼休憩を挟んでラストまで働くときもありました。

通しの日はきつかったけれど、閉店後に大将がビールを出してくれたり、おいしいおつまみを作ってくれたりするので、それがささやかな楽しみになっていました。

子どもの世話を夫に頼んでいる手前、飲みに出かけることもなくなっていたし、家に帰ればすぐにいろいろな家事が待ち受けています。

ただ、仕事のあとのビールって、おいしいけれど酔うのも早いんです。

あの夜は雨足が強くなったため、早めに店じまいしたので、いつもよりのんびりした気分でビールをご馳走になっていました。

大学生の男の子は先に帰ってしまったので、大将と二人きりでした。

私は昔から、酔うとエロくなるって言われるんですが、大将もそれを見抜いたようでした。

「旦那とは仲よくやっているかい？　こうして引き留めていたら、怒られちゃうかな？」

大将のいつもの軽口でしたが、酔った勢いでついつい本音が出てしまいました。

「私を待っているのは子守りから解放されたいだけです。夜だって全然ないし……」

二人きりでなければ、そんな話までしなかったと思います。

「え？　若いのに、もう夫婦生活がないのかい？」

包容力のある大将に甘えたい気分になって、日ごろの鬱憤《うっぷん》を愚痴ってしまったのです。

夫婦仲が悪いというわけではありませんが、子どもに時間を取られるようになってから、夜の性生活が極端に少なくなっていたことが不満でした。

たまのセックスでも、夫はどんどん手抜きをするようになっていたのです。さっさと挿入されて、射精されて、欲求不満だけが残るようになっていました。

「なんだい、もったいねえなあ。けっこう好きなほうだろ？　顔に書いてあるぞ」

大将は冗談ぽく切り替えしてきましたが、その視線が胸元や下半身を舐めるように見つめてきたのがわかりました。

異性から、そんな視線を向けられたのは久しぶりだったので、うれしくなりました。

この人は、私を女として見てくれているんだと感じたのです。

「うふ。大将こそ、どうなんですか？　その若さでお独りなんて、悶々《もんもん》としませんか？」

反応が見てみたくなったので、ふざけたノリで聞いてみました。

「俺が若い？　もう六十七だよ。残念ながら、そっちのほうは最近さっぱりだ」

そのとき初めて大将の年齢を知ったのです。

若く見えるのに、父と同じ年齢だったので驚きました。でも、だからこそ気を許せたのかもしれません。

「まだまだイケますって！　私、相手に立候補しちゃおうかな、なーんて」

大将は気をよくしたようで、目尻にしわを刻みながらニタッと笑ってビールのおかわりを注いでくれました。

そんなやり取りが楽しくなってきて、もう少しこの人といたいって思ったのです。

「やだ、私ったら酔ったみたい。少し覚ましてから家に帰りますね」

制服の白いシャツブラウスのボタンをはずして、大きくはだけた胸元を仰ぎました。

女として意識してくれる大将に、見せつけたくなったのです。

子どもを産んでからいちだんと大きくなった胸は、以前よりも感じやすくなっていました。それなのに、ほとんどさわってもらうこともなく、刺激に飢えていました。

しかたなく、ときどき自分でさわるのですが、それだけでアソコがびっしょり濡れるほど感度がいいのです。

大将は予想以上に目をぎらつかせて視線を泳がせました。女の目から見れば、その顔にはまだまだ溢れる性欲がみなぎっているように見えました。

「私だって、家ではオバサン扱いですよ。若いなんて言ってくれるのは大将だけ」

そう言いながら、テーブルを挟んで座る大将からよく見えるように、わざと前屈みになりました。

その勢いで、ボタンがもう一つはずれてしまい、はだけた襟元からは乳房が半分くらい見えてしまっていました。

「おいおい、大丈夫か？ 今日は酔いが早いんだな。帰り道に襲われちゃうぞ」

照れているのかビールのせいか、大将の顔がみるみる真っ赤になっていきました。下ネタを話していたせいで、日ごろ持て余していたスケベな欲求が、どんどん昂《たかぶ》っていました。

ふと、テーブルの上にあった手が目にとまりました。

いつも重たい中華鍋を振っている大将の手は、分厚くがっちりとしていて、その男らしさにときどき見とれてしまうことがありました。

逞しいこの指でアソコにふれられたら、それだけでイってしまうかもしれない……そんな妄想が頭の中を駆け巡りました。

「夫がかまってくれないから、むしろ襲われたいくらいです」

そう言って、大将の分厚い手を握り締めていました。とても、温かい手でした。

「……大将が、襲ってくれてもいいんですよ」

上目づかいで見上げながら挑発すると、握っていた大将の手が汗ばんできました。

「バカなこと言うもんじゃない。俺だって男だぞ。本気になったらどうする」

まるで父親の小言のようでしたが、目元には笑みが浮かんでいました。

言葉で言うほどガツガツしている様子はなく、むしろ、こちらから迫りたくなるようなじれったさを覚えました。

「はぁー。怒られちゃった。じゃあ、この雨の中トボトボ帰りますよ」

思慮分別のある大人に反抗する娘のような気分になって、大将の出方を試すように立ち上がってみました。

すると、大将があわてて手を握り返してきたのです。

「お、おい。もう少し酔いを覚ましたほうがいいんじゃないか？　ふらついているぞ」

すがりつくような、情けない声で引き留められたとき、内心「やった！」と思いました。思いどおりに動いてくれたことで、満足させられたのです。

大将も私といたいんだということがわかると、さらに大胆な気分になりました。

「ああ、やっぱりダメだわ。立ち上がったらフラフラしちゃうー」

よろめきながら大将の膝の上に座ったのです。

それ以上どうしたいと考えていたわけでもなく、体が自然に動いてしまったという感じでした。甘えたかったし、刺激が欲しかったのです。

「おっと！　こらこら、俺は座布団じゃないぞ。それにしても、大きなお尻だな」

「だめ？　イヤ？　大将だけは優しくしてくれると思ったのに……」

がっちりした胸板に背中を預けてもたれかかると、背後からぎゅうっと抱き締められました。

「イ、イヤなわけないだろう。こんなことをされたら、我慢できなくなる」

巻きついてきた手は、ゆっくりと遠慮がちに乳房の上を這ってきました。

「大将ったら、やっぱりまだまだ現役じゃないですか」

そっとふれられただけで、ブラの中の乳首が硬くなってしまいました。

「でも、こんなところを見られたらたいへんだぞ。俺は独り者だから、かまわないが……」

夫の顔を知っているだけに、用心深くなっているようでした。けれど、心配そうな言葉をよそに、お尻の下に敷いた大将の股間は、ムク、ムクッとうごめきはじめていました。

「夫が来るはずもないし。シャッターも締めたんですよね？　だったら大丈夫」

勃起の動きを感じたとたん、脚の間がシュンシュンとほてりだして、アソコが湿ってきました。

「大将の手、気持ちがいい。ああ、もう、ブラウスなんて邪魔」

火が点《つ》いた体はどんどんほてりはじめて、さらなる刺激を欲していました。

自分でブラウスのボタンをはずしていると、露《あらわ》になったブラ越しに、ムギュムギュと乳房をもまれました。

「すごいな。こんなに立派なオッパイだとは思わなかった。着痩せするんだな」

乳房をもみながら、解いた髪に鼻先を埋めてきました。

「やっぱり、女の匂いはいいもんだな」

熱い息を耳に吹きかけられると、ほてった体がますます感じはじめました。

「ア、アン！　ハッフーン……最近オッパイがすごく敏感で困っているんです」

そう言うと、乳房をもむ手に力が入ってきました。

「酔うとブラジャーが苦しくなってきちゃう。はずしてくれませんか？」

大将は、一瞬迷ってからホックをはずしてくれました。

「おふざけは、このへんにしておこう。お前さんは人妻だからな」

まるで自分に言い聞かせるみたいに言いながら、押し込まれていた乳房がこぼれ出すと、さらに激しくもんできました。

「ひどいわ、ここまで火を点けておいて。私の体はそんなに魅力がない？」

立ち上がり、大将に向き合って膝の上に跨《また》がりました。ぶるんぶるんと乳房を揺すりながら、大将の目の前に突き出したのです。

「そんなことはないよ。すごく素敵だよ。こんなオッパイ、たまらないよ」

大将は、のぼせたような赤い顔を乳房のふくらみにこすりつけてきました。夜になって伸びはじめていた髭が、チクチクと心地よく刺さってきました。

「ほら、もう乳首がこんなに勃起しちゃった。お願い、大将……吸ってみて」

胸を突き出してねだると、大将は舌なめずりをしました。

「ちょ、ちょっとだけだぞ。これ以上本気になったら、止められなくなる」

ぼってりとした舌が乳首に伸びてきた瞬間、体じゅうに電気が走って、膝の上から崩れ落ちそうになりました。

「ハァン！　ムフッ、フーン。ああ、いい。クラクラするわ」

倒れてしまわないように、大将の首に腕を巻きつけて腰をせり出しました。

仕事着のズボンは夏もので生地が薄く、こすれ合った陰部には、大将の股間の熱が生地を通して伝わってきました。

そこは、遠慮がちな態度とは裏腹に、しっかりと硬くなっていました。

「大将のも大きくなってる！　すごくエッチ。見てみたい」

駄々っ子のように甘えながら、そこの部分をなで回しました。大将は困ったような表情を浮かべましたが、まんざらでもなさそうでした。

「私だってこんな格好しているんですから。ね、見せて、見せて」

結婚してから、夫以外の性器など見たことはなかったし、そんな機会は一生ないものだと思っていました。

これを逃したら、二度とお目にかかれないかもしれないと思って気がはやりました。

「うーん……まったく、しょうがないワガママ娘だな」

膝から下りて、ズボンのベルトをカチャカチャはずしていると、大将は立ち上がり、自分から脱ぎはじめました。

「ああ、今日は蒸すなぁ。なんだか体が熱くなってきたよ」

照れ隠しのように言いながら、首に巻いた手ぬぐいで額をぬぐっていました。

大将の足元にしゃがみ込んで、汗ばんでいるトランクスをずりおろすと、ビンとそそり立った、太い幹のペニスが出てきました。

亀頭のくびれが立派なせいか、夫のものよりだいぶ大きく感じました。とても還暦過ぎとは思えない迫力です。

仁王立ちになっている大将を見上げながら、かぽっと吸い込み、亀頭をチロチロと舐め回しました。

「あ、おいおい！　見るだけじゃないのか？　洗ってないのに……待て、ううっ！」

大将が、気持ちよさそうにうめいたので、夢中でしゃぶりついていました。

蒸れた匂いも、汗のしょっぱさも、少しもイヤでなかったのは、朝から晩まで厨房に立つ大将の姿を見ていたからかもしれません。一所懸命働く男の姿には、どんな女も弱いはずです。

舐め回していると、大将はあらがうのをあきらめたようでした。気持ちよさそうに目を細めて、私の顔を見つめてきたのです。

「かわいい顔して、じょうずだな。苦しくないか？　あまり無理しなくていいよ」

大きな手のひらで、子どもみたいに頭をなでられました。

それまで、年上男性とつきあう女の気持ちがわからなかったのですが、そんなふうに扱われてみて初めて、その魅力を知りました。仕草や言葉の一つ一つに、どこか余裕を感じるのです。

夫にフェラをしてあげても、喉をふさぐほど頭を押さえつけられたり、歯に当たりそうなほど腰を振ってきたり、身勝手なふるまいばかりです。

「まったく。こんなに勃起させられたのは久しぶりだ。もう収まりがつかんぞ」

そう言って、咥えていたペニスを引き抜かれました。

「さあ、交代だ。こうなったら徹底的に責めてやる」

立ち上がってテーブルに手をつくと、大将の手が背後から体じゅうをまさぐってきました。

「胸もすごいが、尻もプリッとしているなあ！　うん、いい尻だ」

しばらくの間、服の上からお尻をなで回されていましたが、やがて、ゆっくりとズボンを脱がされて、ショーツだけの姿になりました。

お尻をなでていた指が、じりじりと脚の間に移動してきましたが、いちばん敏感なところは、なかなかさわってもらえませんでした。

「大将、じらしてるの？　いやん、いじめないでください」

腰を揺すって催促すると、ようやくワレメをなぞられました。

「いや、人妻だと思うとやっぱり緊張するもんだよ。ごめんごめん。よし、さわるぞ」

その言葉に大将の誠実さがにじんでいて、なおさらさわってほしくなりました。

「おおっ、ネチョネチョだ。こんな体を放っておくなんて、旦那も罪な人だね」

無骨な指は、見た目とは裏腹に、思いのほか繊細な動きで責めてきました。

絶妙な力加減は、こまやかな作業をする料理人ならではかもしれません。繊細な動きなのに自信をみなぎらせていて、迷いがありませんでした。

ショーツのすき間から入ってきた指で、クリトリスを刺激されると、突き上げられるような快感が走りました。

膝が震えてしまい、立っているのもやっとになって、テーブルの上に上半身を突っ伏していました。

ひんやりとしたテーブルが、ほてった乳房を圧し潰してきました。以前、夫と子どもと三人で囲んだこともあるテーブルでした。

店内の照明は半分消してありましたが、カウンターの灯りで、ちょうどアソコが照らし出されていたと思います。

大将はショーツをずりおろしながら、その部分に顔を寄せてきました。

お尻の肉をつかまれて、両側にぱっくり割られてしまいました。

「すごいねぇ、こんな格好で。よーく見えるよ。はぁ、生きててよかったよ」

普通なら、とても恥ずかしくてできるような格好ではありません。成り行き任せのその場所が、ふかふかのベッドの上よりも私を大胆にさせていたし、なによりも大将の誘導がじょうずでした。

敏感なくぼみに息を吹きかけられ、ビクンとのけぞると、ざらついた舌がクリトリスを刺激してきました。

「ハッ、アッ、アアン！　いやぁ……ん、エッチな穴がとろけそう……」

再び足元が震えましたが、大将がしっかりと支えてくれていました。支えながら、太ももやふくらはぎをなで回してきました。

脚なんて、夫はあまりさわってきません。そんなふうにされてみると意外に気持ちがよくて、ざわざわと鳥肌が立ちました。

「きれいな脚だねえ、いまどきの若い人は、やっぱり脚が長いんだなぁ」

ぎんぎんに勃起しているくせに急ぐ様子もなく、じっくりと眺め回したり愛撫したりする様子にも、年上男性の余裕を感じました。

まるで、ゆりかごを揺らすみたいに、ゆっくりと私の体が沸騰するのを待ってくれているようでした。

「すごいな、どんどん濡れてくる。そろそろ中も味わってみようか」

独り言のようにつぶやきながら、ワレメに這わせていた舌を、ヒダのすき間にねじ込んできました。たっぷり塗られた唾液と愛液の混ざりあった音が、ジュルジュルと聞こえてきました。

「アアッ！　こんなに気持ちいいクンニ初めて。頭がおかしくなりそう……」

延々と続く舌責めに、昇りつめそうになっていました。

特別なテクニックでもないのに、老練《ろうれん》な舌づかいとしか言いようがありません。

「おや、締まってきたよ。よくなってきたんだね。いいぞ、イっていいんだぞ」

アソコが痙攣したのに合わせて、指を押し込まれました。

「ああん……大将の硬いやつを入れてくれないの？　まだじらすの？」

催促すると、中に入ってきた指でクチュクチュとかき混ぜられました。

「情けないが、この歳になると中折れもあるからね。その前に、イカせたいんだよ」

指の動きが激しくなったとき、突然未知の心地よさに襲われました。お尻の穴を舐められたのです。

「い、いや。待って、そこは恥ずかしい！　アアッ……でも、イクッ、ア……」

何の準備もなかった箇所に、強烈な刺激と快感を覚えていました。

「いいぞ！　ああ、かわいいよ。二つの穴が同時にヒクヒクしているよ！」

大将は、上擦った声でうれしそうにつぶやいていました。

一度では許してくれず、立て続けに責められて、二回目の絶頂を迎えてようやく、陰部から顔を離しました。

「ふぅー、さすがにもう我慢できないよ。入れていいんだね？」

背中から抱きついてきた大将は、乳房をまさぐりながら、腰を突き上げてきました。

「来て！　ずっと、ヒクヒクしながら待っているんだから」

ヌルヌルとすべるペニスは、大将の心配をよそにしっかりと硬さを保ったまま、体の奥深くに突き刺さってきました。

「ハッアーン！　そこ、もっと突いて。いい、すごくいいわ！」

大将が腰を振り立てるたびに、テーブルがガタガタと音を立てて激しく揺れました。

目の前の壁に貼られたメニューが、視界の中にぼやけて映りました。とんでもない場所で、とんでもないことをしていると思いましたが、いけないことだと思うほど、激しい興奮を覚えました。

シャッターに打ちつける激しい雨音に煽《あお》られるように、思いきり喘いでいました。

「ハァ、ハァ！　また、イッちゃいそうっ！　大将のおち〇ちん、すごく硬いの！」

自分からお尻をこすりつけるようにして、昇りつめていました。ガクンと腰が折れそうになったとき、大将も興奮した声をあげました。

「こんなに興奮したのは、いつ以来だ……少しも萎《しぼ》まないぞ！　ああ、出そうだ！」

あわてたように引き抜いた直後、お尻のほっぺにドビュッと射精されました。中折れは懸念していても、まさかそんなに早く出てしまうとは、思ってもみなかったようです。

それ以来、二人きりになるチャンスがあると、閉店後の店の中で交わっています。

シャッターを閉めた店内が、いちばん人に見られる心配がないからです。時間がないときでも甘えてねだると、愛撫だけでイカせてくれます。

先日は、珍しく夫が子どもを連れて夕飯を食べにきたのでドキッとしましたが、大将は堂々としたものでした。

あれほど夫の存在を気にしていたくせに、いざとなるとあわてることもなく「いつもよくやってもらって助かっています」なんて挨拶してくれ、老獪《ろうかい》な一面ものぞかせていました。子どものことを考えると離婚はできませんが、精神的にも肉体的にも頼りになる、私のかけがえのないパートナーです。

男臭い工事現場に勤める麗しの若妻
野外簡易トイレで放尿現場に遭遇して

朝井勝己　建設会社勤務・六十五歳

十年ほど前に勤めていた会社が倒産して以来、ずっと工事現場で肉体労働をして暮らしています。三十代のときに離婚しているので、いまは気ままな一人暮らし。自分だけ食えればいいので、六十五歳になったいまも毎日現場に出ています。

昔は男ばかりの仕事でしたが、最近は若い女性がいることも珍しくありません。男たちに交じって体を使った仕事をする女性もいるし、現場周辺の警備員のバイトをしている若い女性もいます。この前の現場についた警備員もそうでした。マンションの建設現場でしたが、周辺の道が狭くて、現場の前で車の通行を整備している警備員がいて、これが三十代の人妻だったのです。

榊原《さかきばら》ふみえさんという名前は、あとになって知りました。見た目はなかなかの美人でしたが、どちらかというと清楚《せいそ》でおとなしい感じで、とても建設現場で働くようなタイプには見えません。ヘルメットから長い黒髪が垂れ下がり、いつも伏し目がちで、もしかしたらどこかのお嬢様かというような雰囲気です。聞いてみると、夫の仕事が行き詰って、仕方なく自分がバイトするしかないとか。最初は現場の男たちを怖がっているようでオドオドしていたので、私のほうからなるべく話しかけてやりました。するとそのうちに、少しずつ話すようになりました。それでも、打ち解けるという感じではありませんでした。

それはそれで仕方ないのですが、一つ気になったのは、彼女が現場の隅に置いてある簡易トイレを絶対に使わないことです。たまたまみんなから見える場所にあるので、彼女にしてみたら、「私、これからトイレに入っておしっこします」と宣言しているようなものです。もちろん、放尿音もはっきり聞こえます。しかもカギがついてないので、彼女には抵抗があったのでしょう。休憩時間になるまで我慢して、近所のコンビニのトイレを使っていたようです。

そういうところが新鮮で、いつの間にか私は彼女のことを気にするようになっていました。といっても、おそらく三十以上も年が離れていて、年齢差がありすぎます。どうこうなりたいという気持ちではありませんでした。

ところが、まったく想像もしないことが起こりました。二回り以上も離れた彼女と、男女の関係を持ってしまったのです。

その日、私は一人だけ現場に残って後片づけをしていました。その現場では私が最年長だったので、リーダー的な立場だったのです。気がつくとすっかり暗くなっていたので、帰る前に用を足そうと思い、簡易トイレのドアをあけました。

すると真っ先に目に入ったのは、丸出しの白いお尻でした。帰ったはずのふみえさんが、しゃがんでおしっこしている最中だったのです。

そのままの格好で振り返りながらも、彼女はびっくりして悲鳴もあげられず、ただ、

「見ないでくださいっ」と言いました。そのときの消え入りそうな声と、シャーッというおしっこの音と、桃のように輝くお尻の丸みを、いまでもはっきり覚えています。

やがて放尿が終わりましたが、もじもじして立ち上がろうとしません。私は、紙がなくて困っているのだと気づきました。

「ああ、トイレットペーパー切れちまってたか。よかったら、俺のタオルを貸してやろうか」

「え!?」

私は自分のタオルを差し出しました。ところが恥ずかしがって受け取らないので、思い切って彼女の股間にタオルを押し当てました。

「あ、や、やめてください」

「恥ずかしがることないよ、おれにしてみればあんたは娘みたいな年だから、へんな気持ちじゃないからさ。子どものおしっこの始末してるようなもんだよ」

私は手をやんわりと前後に動かしました。

誓って言いますが、最初はヘンな気持ちはこれっぽっちもありませんでした。いつもは簡易トイレを使うのを我慢してる彼女がそこでしゃがんでるというのは、よほど切羽詰まってたんだと思って気の毒だっただけです。あとで聞いたのですが、いつも使っているコンビニのトイレが清掃中で、仕方なく現場に戻ってきたのだそうです。ともかく、タオルでアソコをふいてやり、そのまま帰すつもりでした。ところが、それだけでは終わりませんでした。

彼女が、いきなり「アッ」と声をあげたのです。

気がつくと、指がずれて彼女のアソコの割れ目に直接ふれていたのです。その指に反応して、彼女はしゃがんだまま体をビクンとふるわせたのでした。それを見て、私のほうもおかしな気分になってしまいました。ズボンの中で、愚息がムクムクと硬くなってくるのがわかりました。

「あんた、感じてるのかい？」

「ち、違いますす、感じてなんかないです」

口ではそう言いながらも、私の指先にはぬるぬるして熱い液がからみついてくるのがわかりました。かすかに音もしています。

「だって、これ、おしっこじゃないよね。ほら、この汁」

「いや、汁とか言わないで、恥ずかしい」

「でも、どんどん溢れてくるよ、垂れてるよ」

「あああ、ダメです、指、動かさないで」

「あれ、オマメが大きくなってるんじゃないの？」

指先で、ぷっくりふくらんだクリトリスを探り出して、そこをくすぐるようにいじってみました。若い女のクリトリスは転がりやすいビー玉のようでした。そこを刺激してやっているうちに、長年眠っていた私の性欲が、ますます沸き上がってくるのがわかりました。そうなると、もう指が止まりません。

「なんだ、感じちゃってるの？　ねえ、あんた、こんなに濡らしちゃって」

ふだんは清楚な彼女の体の意外な反応に、このまま彼女がどんなふうになっていくのか見てみたいと思いました。男なら誰でもそう思うのではないでしょうか。

「ち、違うんです、そんなんじゃないんです」

「ねえ、もしかして、おれにおしっこ姿を見られて興奮した？　お尻を見られて、割れ目までいじられて、濡らしてるんじゃないの？」

しゃがんだままの彼女を背後から抱きかかえるようにして耳元でささやくと、彼女は必死になって頭を左右に振りました。

「へんなこと言わないでください、ほんとに違うんです。最近、夫とは全然してなくて、体が勝手に反応しちゃってるだけなんです」

「そうなんだ、こんなに濡れやすいのに、もったいないね。これなら、いつでもおっ勃《た》ったマラを突っ込めるのに」

「やめてください、お願い」

私のほうも、もう何年も風俗に行っていません。ときどき自分で性欲処理するくらいです。そんな男にとって、若妻の敏感で濡れやすい性器は、まさにご馳走です。指を沈めると、最初はきつい締めつけがありました。夫とセックスしないと、女性のそこは窮屈になってしまうのだろうかと思いました。

ここに自分のものを入れたら、どんなに気持ちいいだろう。そう思うと、もうパンツの中のものが痛いくらいに勃起してきました。そんなふうになるのは久しぶりでした。朝起きたときでさえ、もうめったに勃たなくなったものが、ガチガチになっているのです。

「奥さん、静かにしなよ。おれたち、同じ現場で働く仲間なんだから」

はやる気持ちを抑えて、ささやきました。ここで騒がれたりしたら、私は犯罪者です。どうにかして彼女を納得させて、いいことができないものかと思いました。

「わかりました、静かにしますから、指をどけてください」

「そうはいっても、ここ、どんどん濡れてるよ。体のほうが正直じゃないか。クリ豆も、ビンビンになってるし。ね、いいからいいから。おれに任せなよ。あんただって、ほんとうはもっと、さわってほしいんだろう？」

必死で彼女をなだめました。

「ち、違います。ああ、やめて……」

「奥さん、いつもこのトイレ使わないだろ。どうしてここでおしっこしないの？」

「だ、だって、みんなに見られてるみたいで恥ずかしいし、音も聞こえるし」

「でも、おれ見ちゃったよ、奥さんがしゃがんでる姿」

「言わないでください。ああ、死にたい……」

私は気がついていました。いやらしいことを言えば言うほど、奥さんのアソコはどんどん濡れてくるのです。もう滴《したた》り落ちるくらいになっていました。

私はもともとSっ気があります。女を責めるようなセックスが好きなんです。でも、六十五歳ともなれば、もうそんなセックスをする機会などないと思っていました。だから、そのときの彼女の反応に、もう天にも昇る心持ちでした。

「奥さん、欲求不満なんだろ？　おれもだよ、いつもセンズリで慰《なぐさ》めてるだけなんだ。だからさ、いいだろ？　お互いに満たし合おうよ」

「だ、だめです、そんなのいけないことです。私、結婚してるし」

「でも、奥さんの体はこんなに正直だよ」

ままよと思い、指を思いきり沈めました。すると、さっきまで窮屈だったアソコにズッポリ入ってしまいました。その瞬間、奥さんはヒッと叫んで体をふるわせました。いい反応です。目の前の人妻が理性を失っていくのがわかりました。まるで少しずつ壊れていくみたいで、私はますます興奮していました。

「奥さん、腰を浮かしてみなよ」

「ああ、そんなあ」

私は彼女のお尻を浮かせ、前の壁に両手をつかせました。目の前に、グッショリ濡れた人妻の性器がありました。そのすぐ上には、清楚な人妻の肛門までも丸見えでした。そこは薄い茶色で、しわも少なく上品でした。私は性器に顔を埋めて息を吸いました。女特有の匂いとおしっこの匂いの交じった、下品な臭気がしました。

「奥さん、おしっこしたばかりだから、すごく臭うよ」

「や、やめてえ。嗅がないで」

「そんなこと言いながら、奥さん、アソコをグイグイおれの顔に押しつけてるじゃない」

「違います、そんなことしてません」

舌を出して、そこを舐め回しました。久しぶりに味わう舌ざわりです。いつもはおとなしくて清楚な奥さんのそこは、びっくりするくらいに愛液まみれで、熱くほてっていました。物欲しそうにビラビラが広がって、誘っているようにも見えました。私は舌を突き出して、クリトリスもビラビラもていねいに舐め回しました。

気がつくと、口ではイヤがっているくせに、奥さんのそこからはどんどん液が溢れ出て、お尻をさっきより突き出していました。

「奥さん、やっぱり感じてるみたいだね、体は正直だ。いつでもバックから突っ込んでほしいみたいだね」

わざと思いきり下品に言うと、奥さんは頭を左右に振りました。

「違います、そんなんじゃありません。ただ、ずっとしてないから、つい……」

「欲求不満の体が、男のデカマラを欲しがってるんだな」

「そんな卑猥な言い方しないでください！　どうしたらいいのかわからなくなる」

声が上擦ってきました。こういう女は、もう思いどおりになるのだと思いました。いままでの経験でわかります。清楚で上品な女ほど、下卑《げび》た男に興奮するものです。彼女はまさにそんなタイプの女でした。

そのうち、アソコを舐められて彼女のお尻がブルブル震えてきました。自分で自分の口を押さえて必死で声が洩れるのを我慢しています。その様子を見て、もう我慢できなくなりました。

「奥さん、今度はおれのをしゃぶってくれよ」

「え？　そんなの無理です」

「無理じゃないだろ。下の口に入れる前に、まずは上の口を汚してやるよ」

汚い簡易トイレで彼女をしゃがませ、目の前にペニスを突き出しました。さんざんいやがっているのに、彼女は夢でも見てるようなトロンとした目で、それを咥えてきました。欲しくて欲しくてたまらないという顔です。

「どうだ、奥さん、うまいか？」

「は、はい、おいしいです……すごく大きいし、こんなの初めて」

「少しは素直になってきたな」

完全に征服したと思いました。あとはもう、言いなりのはずです。

「ほら、先端の穴を吸って。今度は竿をしゃぶれよ。それからタマのほうもね」

言われるがままに舌を動かし、唇で刺激しつづける顔は、いままで経験したどんな女よりも崇高《すうこう》な感じがしました。

人妻が自分の性器をしゃぶりまくっている。もうそれだけで射精してしまいそうです。もちろん、もったいないから必死で我慢しました。気持ちいいのはもちろん気持ちいいのですが、ふだんは絶対に縁のない、若くて清楚な女が、風呂にも入ってない自分のイチモツにむしゃぶりついているという、その満足感ですっかり舞い上がっていました。

細めた舌先で先端の穴をチロチロと刺激し、そのままカリの周りに舌を這わせ、カリの裏のほうもていねいに味わい、そのまま竿を唇で愛撫するようにくすぐり、タマのほうにも舌を伸ばしてチュバチュバと音を立てて吸っています。しかも、うっとりした表情を浮かべて、それを何度も何度も繰り返すのです。ふだんの顔だけ見ていても、まさかこんなエロいフェラをするような女には見えません。

「いいか、奥さん、いまからこれをアソコにぶちこんでやるからね」

もう逃げられないから覚悟しなよというような気持ちを込めて言いながら、ペニスをつかんで奥さんの頬をピタピタと叩いてやりました。これをして本気でいやがらない女は、絶対にマゾっ気のあるスキモノです。そして案の定、奥さんは顔を叩かれるたびに「ああ」というような色っぽい声を洩らしました。

「そんなぁ、許してください、私、夫がいますから」

弱々しい声をあげていますが、本気でないのがわかります。拒絶しているというよりも、むしろこびているような響きがあります。

「その旦那さんが満足させてくれないから、おれがハメてやるって言ってるんだよ。奥さんのしゃぶりっぷり、全然イヤがってるように思えないぜ。むしろ、早く入れてくださいっていう舐め方してる」

「ち、違います、私、そんな女じゃないです」

「大きな口をたたいてられるのもいまのうちだけだよ。ほら、下の口はこんなに正直にオツユを垂らしてるじゃないか」

再び股間をいじると、さっきよりももっと濡れていました。フェラしながら愛液を溢れさせる女は本物です。私のペニスが期待でジンジンしていました。

そのまま彼女を立たせました。そして、再び両手を壁に突かせて、お尻を突き出す格好をさせました。清楚な人妻の立ちバックのポーズを、私はしばらくじっくり鑑賞しました。この年になって、そうそう拝めるものではありません。

丸くて純白のムチムチしたお尻、きれいな脚線美は、もう極上のお宝です。しかもそのお尻は、早く挿入してくれというようにプルプル震えて、びしょ濡れの性器の割れ目やほんのり色づいた肛門がチラチラ見え隠れしています。

「絶景だよ、奥さん」

お尻をなで回しながらそう言うと、

「恥ずかしい、見ないでください。どうしても入れるなら、早く入れて、さっさとすませてください」

あくまでも被害者ぶってる口調に、ますます燃え上ってしまいました。

「そんなに入れてほしいか？　何を、どこに欲しいか、言いなよ」

「い、言えません、言えるわけないです」

「言わないと、いつまでもこのままだよ」

「ああ、ひどい……」

そんなやりとりが何度か続いたあとで、ついに彼女は、公衆便所の落書きのような卑猥な言葉を口にして、バックからの挿入をお願いしてきたのです。

もう完全に征服した気分でした。自分でペニスをつかみ、先端で彼女の割れ目をこじ開けました。亀頭に愛液がからまって、ヌラヌラ光っていました。挿入してる感じを味わわせてやりたくて、ゆっくり押し込んでいきました。あまりにも濡れてるので、そのまま一気にぬぷっと奥まで入りそうでしたが、そこはなるべく我慢して、じわじわともぐり込ませていったのです。

ゆっくり中に入るにつれて、彼女は「あああああ」と声を洩らし、誘い込むようにお尻を突き出してきました。口ではいろいろ言いながらも、そこは欲しくて欲しくてたまらないのです。

「ほら、全部収まったよ、奥さん」

そう言って私は両手でお尻をつかみ、しばらくじっとして、ペニスの感触をたっぷり感じさせました。すると、そのうちしびれを切らしたように彼女のほうからお尻を振ってきました。

「どうした、動いてほしいか？　ピストンされたいか？」

「ああ、意地悪……動いてください、ピストンしてほしいです」

そこでようやく私は、少しずつ出し入れを始めました。奥を突くたびに奥さんは、あん、あん、あん……と、かん高い声で反応しました。中のほうで熱い液体が、ジュンジュン出てくるのがわかりました。

「どうだ、気持ちいいか?」

「は、はい、気持ちいいです、すごく大きくて、壊れそう」

「壊してやるよ」

出し入れするスピードを少しずつ速くしました。深く、浅く、深く、浅く、リズミカルに突き上げながら、でもときどきそのリズムを壊して、急に奥を突いたり、わざと引き抜いてしまいそうにするのが、私のやり方です。次はどんな動きをするかわからない、そのドキドキが女を昂らせるのです。そういうことを若いときに風俗の女性に教えられました。

彼女は、まんまと思惑どおりにどんどん感じはじめ、自分からお尻をグラインドさせながら、いやらしい声をあげはじめました。もちろん周りに聞こえないように必死で抑えていますが、ときどき我慢できずにとんでもない声が洩れてしまい、そのたびに熱い液が白い泡になって溢れてきます。

「ああ、なにこれ、どうしよう、私、狂っちゃう、あああ、こんなの初めて」

「旦那よりも激しいだろう? こういうのが好きなんだろう?」

「夫のことは言わないで!」

「じゃあ、認めなよ、激しいのが好きだって言いなよ」

「はい、好きです。うしろから激しく突かれるのが好きです……ほんとうはこんなふうに、犯されたかったんです」

「欲求不満なんだ、奥さん、もったいないな」

「ああ、欲求不満です、いつもモヤモヤしてて、ときどき自分でも……」

「マンズリが好きなのか？」

「好きです、私、マンズリが大好きなんです」

ふだんは想像もできないようなことを口走りながら、長い黒髪を振り乱している彼女の姿を見ながら、私は少しずつピッチを上げました。

さらに、腰を動かしながら、両手で胸をわしづかみにしてやりました。服の上からですが、意外と巨乳なのがわかりました。これだけの美貌で、しかも巨乳で、女性器は濡れやすいなんて、もしもこんな女が妻だったら、毎日だってセックスしまくるだろうと思うのですが、欲求不満だというからもったいない話です。

「もしかして、奥さん、こんな現場の男たち見ながらエロいこと考えてたんじゃないの？　警備しながら濡らしてるだろう？」

「は、はい、考えてしまいます、こんな人たちに犯されてみたいって、みんなに輪姦《まわ》されたいって想像しちゃいます。ほんとうは私がここでおしっこしてるときに、いきなりドアを開けられて、おしっこ姿を見られてしまったり、そのまま順番に皆さんのアレをお口でご奉仕させられたり……そういうのを想像してたんです」

「奥さん、ド変態だな」

ほんとうに人は見かけによらないものです。ふだんの彼女とのあまりのギャップに、ただでさえ喜んでる私のモノが、一気に射精に向かって昂っていきました。

「奥さん、おれの精液、どこに欲しい？」

「精液……男の人の精液、いやらしい言葉」

「好きなところに出してやるよ」

「ああ、中はダメです……お願い、お口にください」

「じゃあ、ちゃんとお願いしな」

「あ、あなたの精液を私のお口にください……全部飲ませてください！」

その言葉を聞いたとき、快感が一気に押し寄せて、精液が尿道を駆け上がるのがわかりました。思いきり引き抜くと、奥さんは急いで振り返って熱くヌルヌルのペニスを咥えました。女性器とは違う、口の粘膜の温かさと舌の感触を感じた瞬間、私は激しく射精しました。あんなに衝撃的な射精は初めてです。何度も何度も飛び出し、そのたびに奥さんは「ん！」というような声を洩らして喉の奥で受け止め、次から次へと飲みこんでいきました。全部飲み終わると、魂が抜けたような顔をして床にへたり込んでしまったのです。

とんでもない出来事でした。それからはお互いに口もきかず、奥さんはフラフラしながら帰っていきました。

翌日にはちゃんと仕事にも来て、何事もなかったかのようにまじめに仕事をしています。

そして、簡易トイレも使うようになりました。奥さんの放尿音が聞こえると、男たちはみんなニヤニヤします。もしかしたら奥さんは、簡易トイレの中でみんなに犯されるのを待っているのかもしれません。もちろん、誰もそんなことはしませんが。

私とのトイレセックスは、あれっきりです。でもときどき仕事中に目が合うと、誘うような目線を送ってきます。それは、あながち私の気のせいではないと思っています。また、あんなチャンスがないかと思います。いや、きっとあるはずです。

仕事が終わり、誰もいなくなった現場の簡易トイレの中で彼女が私のことを待っている日が来るのを、いまも楽しみにしています。

同居する長男の嫁の自慰行為を目撃し久しぶりに勃起した老肉棒を挿入！

小宮幸男　無職・七十一歳

同居している長男の嫁と、ただならぬ関係が続いています。きっかけは、嫁の自慰行為をたまたま覗いてしまったことでした。それもただのオナニーではなくて、大人のおもちゃ、ペニスの張り型を自らに挿入する淫らな自慰だったんです。

うちの家は木造二階建てで、私と女房、長男夫妻、小学生の孫二人の六人が住んでいます。長男夫婦が同居すると決まったときに、かなりリフォームはしたのですが、完全に居住スペースを分けた二世帯住宅というわけではありません。

一階が生活空間で、居間と台所、風呂、それに私たちの寝室があります。いちおう、トイレは一階と二階にあります。二階は長男夫婦の寝室と子ども部屋。それに六人分の洗濯物を干しても、かなり余裕がある広めのベランダがついています。

その日、私は女房と嫁と三人でお昼を食べて、しばらくしてから、庭でやっている小さな家庭菜園の世話をしようと思い立ち、ベランダに干してあった手ぬぐいを取りにいったんです。二階の廊下を通ってベランダに出ました。もちろん長男夫婦の寝室はドアが閉まっていて、そこに嫁がいることなど知りませんでした。

ただ、長男夫婦の寝室の窓はベランダに面しているのです。別に覗くつもりはなかったのですが、天気のいい昼下がりだというのにカーテンが引かれているのが逆に気になって、チラッとすき間に目をやると、中の様子が見えてしまったんです。

心の中で、えーっ！と仰天すると同時に、目を離すことができませんでした。

ついさっき、私と女房の昼ご飯を作ってくれて、自分もいっしょに楽しそうに食べていた嫁が、ペニスの張り型を激しく出し入れする驚くべき自慰行為にふけっていたのです。昼ご飯のときのトレーナーを着たまま、ジーパンを脱いで下半身だけスッポンポンになり、ベッドの上であおむけになって、立膝で脚を広げていました。

左手で張り型の底部を押さえヴァギナに突き入れながら、右手の指でクリトリスをグルグルと圧迫摩擦していました。なまなましい裸の下半身が、いやらしくうごめいたり、グッ、グッと力が入ったりしていました。表情もふだんとは別人のようにエロく、張り型が出たり入ったりするたびに、グチャッ、グチャッと音が聞こえてくるようでした。

あまりに凝視しすぎて、私は知らずしらずのうちに窓に近づいていたのでしょう。いつの間にか顔を貼りつけるようにして覗いていたので、ちょっとした拍子に、コツンと窓ガラスに額を打ち当ててしまったのです。マズイ！　私は自分でも驚くほどすばやい反応で、サッと身を隠しました。部屋の中から叫び声などは聞こえてこなかったので、夢中でオナニーしていた嫁には気づかれなかったようです。

それにしても、すごいところを覗いてしまった。年がいもなく心臓が高鳴っていました。私は息をととのえてから、抜き足差し足でその場をあとにしたんです。

あれは、その翌日、昼ご飯を食べているときでした。

女房は近所の友だちと歌謡ショーを見にいくとかで、朝から出かけてしまったので、嫁と二人でした。私は昨日覗いてしまった嫁の痴態がグルグルと脳裏を巡って、心臓がバクバクいっていたのですが、何食わぬ顔をしているしかありませんでした。

向き合ってうどんを食べながら、嫁が突然、こう聞いてきたんです。

「お義父《とう》さん、見てましたよね？」

私は食べていたうどんを吐き出しそうになりましたが、とぼけて聞き返しました。

「何をだい？」

すると嫁は、困ったような表情でささやいたんです。

「お願いですから、誰にも言わないでくださいね」

その哀願口調に、私はつい「言うわけないだろ」と答えてしまったんです。

嫁の顔がみるみるピンクに染まっていきました。

「ああ、やっぱり見てたんですね」

「いや、違うんだ。たまたま見えてしまっただけで……」

ますます私は墓穴を掘ってしまいました。もう否定しようがありません。

いまにも泣きそうな顔で、嫁が尋ねてきました。

「どうすれば、二人だけの秘密にしてくれますか？」

嫁の名前は亜希子《あきこ》といいます。長男より三つ年下の三十七歳です。いやな顔ひとつせずに私や女房の身の回りの世話もしてくれて、ほんとうによくできた嫁なのですが、四十路手前の女盛りで、豊満な体は洋服を着ても隠しようがありません。

私はもう、男としてだいぶアッチのほうの元気はなくなっているのですが、そんな私でも、嫁のかわいらしい顔と女らしい体を思い浮かべて、淫らな妄想にふけったことは一度や二度ではありません。特にその日は、前日に現実の淫らな姿を目撃してしまったばかり……私はしばらく考えてから、思いきってこう言いました。

「じゃあ、亜希子さん……ちゃんと見せてくれないか」

嫁はつぶらな瞳をさらに大きくして、聞き返してきました。

「えっ、どういうことですか？」

「だ、だから、昨日みたいにしてるところを……目の前で見てみたいんだよ」

首筋まで真っ赤になった嫁は硬直してしまいました。私もそれ以上何か言うこともできず、台所のテーブルをはさんでジッとしていました。二人とも息が詰まりそうな長い静寂の時間が流れてから、嫁が小さな声で言ったんです。

「……わかりました」

それから「二階で」とつぶやいて、私を促すように歩きはじめました。

その日の嫁はスウェット地の部屋着に身を包んでいました。上半身は前開きのパーカーで下は膝丈のスカートです。先に立って階段を上る嫁のヒップが、伸縮性の豊かな生地に浮き彫りになっていました。大きい桃のような臀部にパンティラインが食い込んで、ムチッ、ムチッと柔らかそうな肉がうごめいていました。

なんとも扇情的な光景に、私の鼓動がドックンドックンと高鳴りました。そのまま長男夫婦の寝室まで導かれた私は、つき従うように部屋に入りドアを閉めました。

部屋に入った嫁がダブルベッドに身を乗り上げて、正座して言いました。

「お義父さん、ほんとうに秘密にしてくださいね」

「あ、ああ、もちろんだ」

そう言って私もベッドの上に正座して、正面から向き合いました。二人とも神妙な顔をして、もし、はたから見たらすごく滑稽《こっけい》な絵だったと思いますが、私は何十年も若いころに戻ったように興奮で胸が張り裂けそうでした。

「……ど、どうすれば、いいですか?」

嫁は死にそうなほど恥ずかしそうな表情で、そう聞いてきました。

「そうだな……亜希子さんがいつもしてるように、してくれれば」

「やだ、私、いつもなんて……してません」

「そ、そうか……じゃあ、とりあえず上着を脱いで、胸を見せてもらおうか」

驚いたような表情を浮かべてから、嫁がコクリとうなずきました。

紅潮した顔でチャックを開けてパーカーを脱ぐと、淡いピンクの生地にレースの飾りがついたブラジャーが姿を現しました。くっきりと谷間が出来ていました。

「これも、はずしたほうがいいんですよね?」

私は冷静を装《よそお》って「うん」と答えました。嫁が背中に両手を回して、ブラジャーのホックをはずすと、大きいカップがふかっと浮きました。それを押さえるように両手を胸の前でクロスさせて、順番に左右の肩ひもをはずしてブラジャーを取りました。

「それじゃ、見えないじゃないか。腕をどかして」

「……はい」と小さく発した嫁が腕を離すと、メロンを二つ並べたほどたわわな乳房が露になりました。見るからに柔らかそうでプリンのようにゆれていました。

「あぁ……は、恥ずかしい」

「そんなに恥ずかしがらなくてもいいだろ。昨日はもっとすごいところを……」

「イヤッ、やめてください、お義父さん」

「すまん、意地悪だったな。ところで亜希子さんは乳首が感じるようだな」

「ふ、普通だと思いますけど……」

「いやなに、もうピンピンに勃起してるからさ。まあ、さわってごらん」

「そんな言い方しなくても……」とささやいた嫁が、両手の指で左右の乳首をつまんで転がしました。見ているだけで、コリコリに芯が入っているのが手に取るように伝わってきました。ビクビクと肩をふるわせ、ガクンガクンと頭をのけぞらせました。

「あふぅっ、す、すごく敏感になってます」

恥ずかしそうに訴えて、女らしい指で乳首をいじりつづけました。

「いいことじゃないか。それじゃあ、ほら、もっと気持ちいいところもさわって」

嫁は困ったようにクンクンと首を振り、正座の膝をやや広げ、女の子座りになってスカートのすそをたくし上げていきました。私はゴクリと生唾を飲み込んで、すその奥を凝視しました。艶々《つやつや》の膝、内腿のなまなましい肌、そして、ブラジャーとおそろいの白い生地にレースの飾りがついたパンティが姿を現してきました。

「あぁ、そんなに、見ないでください」

そう言いながら嫁は膝を立て、むっちりとなまめかしい脚をMの形に広げました。

「こ、こんなこと、私……自分から」

肩口までのサラサラの髪をゆらし、左手で乳首をいじりながら、右手を股間に伸ばしていきました。スベスベの生肌が作るM字の中心には、白いパンティに包まれたマン土手がぷっくりとふくらみ、割れ目をおおうクロッチ部分が息づいていました。

「ここを、さわるんですね」

そう言って嫁は、右手の親指以外の四本の指をピンと伸ばして、パンティの上からクリトリスのあたりに押しつけ、グルグルとこね回したんです。パンティ越しでも恥骨を包む柔らかい肉がうねり、割れ目のヒダヒダがうごめくのがわかりました。

「はふぅ、どうしよう、気持ちいい」

快感をごまかすように、嫁の指づかいが淫らになっていきました。ふだんの明るく朗《ほが》らかな嫁とは別人のように、どうしようもなく指の動きがいやらしかったんです。

「ア、ウゥ、もう下着の上まで……濡れちゃってます」

「じゃ、じゃあ、パンティも、脱いだほうがいいんじゃないか」

私が促すと、嫁は「……はい」と素直に従って、お尻を浮かせてパンティを脱ぎ去りました。M字開脚のままで隠しようもなく、女陰部が丸見えになりました。サーモンピンクに濡れた小陰唇がぱっくりと口を開き、勃起したクリトリスが包皮から剝き出していました。蜂蜜のような愛液が、陰毛まで濡れ光らせていました。

「あぁ、私……こんなに濡れて、恥ずかしいです」

言いわけのしようがないほど淫らな姿をさらしているというのに、この期《ご》に及んで恥ずかしがる嫁でしたが、その言葉とは裏腹に、大胆な指づかいでオナニーを始めました。人差し指と薬指で小陰唇をぱっくりと広げ、こり固まったクリトリスを中指でこねくり回したんです。慣れた手つきに愛液が溢れて、ヌルヌルになっていきました。

「あっ、あっ、すごい、こんなに」

長男と結婚して十年。あたりまえですが、ずっと同居してきた嫁のこんな姿は見たことがありません。いえ、長男だって見たことがないかもしれません。

「ハッ、ハゥ、お義父さんが見てるから……」

家事も子育ても非の打ちどころのない嫁だけに、その姿はよけいにめまいがするほどエロチックでした。訴える声色まで淫らになって、別人のようでした。

「いつもより感じちゃう！」

クリトリスをいじりながら、さらに追い討ちをかけるように問いかけてきました。

「お義父さん、指も、入れちゃっていいですか？」

言うより早く、ヴァギナの割れ目をすべり下りた中指が、そのままヌプリと膣口に姿を消して、すぐさまヌプッ、ヌプッと出し入れを繰り返しました。

「ああっ、いやらしい、中が動いてるんです」

嫁の指入れオナニーに興奮しながら、私の頭にふと思い浮かびました。

「亜希子さん、昨日、使ってたアレは……？」

すると嫁は指入れの動きを止めて、我に返ったように言いました。

「……やっぱり、アレを見られてたんですね」

それは、嫁が挿入していた大人のおもちゃ、ペニスの張り型です。

「そんな、お義父さん、アレを使えって言うんですか？」

そう言いながら嫁は、全裸にスウェットのスカート一枚という格好を恥ずかしがるように身を縮こまらせて、部屋の壁際にある自分の三面鏡に近づいていきました。そして鍵つきの引き出しを開けて、あのペニスの張り型を取り出したんです。

「ここに、私のエッチな道具、隠してるんです」

なんと、張り型だけではなく、ピンクローターまで手にしていました。

「これも二人だけの秘密ですよ、お義父さん……」

照れ隠しのように言った嫁が、それらを持ってベッドに戻ってきました。

乗り上がりながら残っていたスカートも脱いで全裸になると、再びM字に脚を開いて、見せつけるように股間を突き出してきました。私の顔を探るように見ながら、ピンクローターのスイッチを入れました。ヴィーンという低い振動音が部屋に響きました。そのままクリトリスにローターを押し当てたんです。

「あッ、あぁぁーん、気持ちいいぃ」

嫁はその瞬間、痙攣するように全身をふるわせて、それまでよりはっきりとなまめかしい声を発しました。さっきまでのオナニーは序の口だったようです。しとどに濡れたヴァギナの突起に、グイグイとローターを押し回しながら訴えてきました。

「あっ、あっ、こうしてると、すぐにイッちゃうんです」

声も表情も、しゃくるような腰づかいも、どんどんいやらしくなりました。

「いつもは、一人でいっしょに使うのが難しいから、これでイッてから、その……オチ○チンのおもちゃを入れるんですけど、お義父さん、もし、よかったら、このまま入れてもらえませんか？　すごく、感じちゃうと思うんです……」

「そ、そうか……だけど亜希子さん、やっぱり、いつも、してるんだな」

「やだ、そんな……お義父さん、意地悪です。だって、こんなこと言うの恥ずかしいんですけど、最近はもう、夫婦のエッチがほとんどなくて……つい」

「えっ、そうだったのか。俺が言うのも変だけど、息子が亜希子さんに、そんなさびしい思いをさせてるとはな。じゃあ、せめて埋め合わせさせてもらうよ」

「……はい、お願いします」

もちろん私は、大人のおもちゃなど使ったことはなかったのですが、ペニスの張り型を手に、這いつくばるようにして、M字に開いた嫁の股間に頭を突っ込みました。

「はぁぅ、もうドキドキして、イッちゃいそうです」

ローターを使いながら、嫁が自分の股間をのぞき込んできました。

私は昨日見た嫁の挿入オナニーのように、ペニスの張り型の底部を手のひらで包むようにして、もう片方の手で竿の部分を支え、疑似亀頭をヴァギナに近づけていきました。振動するローターの下で、小陰唇がぱっくりと口を開けていました。たっぷりと愛液をたたえ、呼吸をするようにヒクヒクしている膣口に先っぽを宛がいました。

そのまま真っ直ぐに押し込むと、グジュッとねばった音がして、張り型の疑似亀頭が大きく張り出したカリの笠の部分まで膣の中に埋まってしまいました。

「ああうっ、入って……きましたっ」

私は自分のしていることに興奮して、鼻の奥がツンと痛くなりました。

「き、気持ちいいです、すごく。入り口に引っかかって、あう」

全裸の嫁は内腿が水平になるほどM字の脚をさらに開いて、お尻を浮かせ、挿入部分を見せつけるように突き出していました。

サラサラの髪を振り乱し、メロンのようにまるまるとした乳房を揺らして、もっと、もっとペニスの張り型を求めるように、股間をしゃくり上げてきました。その姿にはもはや、気立てのいい嫁の面影《おもかげ》はありませんでした。

「ダメダメ、そんなに、おかしくなっちゃうぅー」

私は必死で張り型の底部を手のひらで押さえて、グチュッ、グチュッと押し込んでいきました。窮屈なほど締まりのいい嫁の膣粘膜が、張り型をニュルッ、ニュルッと押し返して、外に出てこようとしました。出入りする疑似ペニスの表面で蜂蜜のような愛液が泡立ち、お尻の割れ目まで滴り流れていました。

「激しくて、あッ、あッ、すごい、いいっ!」

その光景と手に伝わってくる感触が、信じられないほどいやらしくて、私はほんとうに鼻血が出そうなほど興奮していたんです。そして、あることに気づいたんです。

「おおっ、何年ぶりだ？　完全に勃起してるぞ！」

思わず大きい声を出してしまった私は、立ち上がってズボンとトランクスを脱ぎ去り、嫁に見せるように仁王立ちでビクビクとペニスを動かしました。

「お義父さん、すごいです。今度は私が……」

嫁がにじり寄ってきて、若返ったようにそそり立つペニスに手を添えました。

紅潮した顔を亀頭に近づけて、ふくよかな頬をうごめかせ、唇を開くと、透明な唾液がツツーッと糸を引いて滴り落ちました。生温かい唾液が亀頭からカリ首を伝い、ペニスの根元までヌルヌルに濡れ光らせていきました。

「ああっ、亜希子さん、そんなこと……」

女らしい指がペニスの大きさや硬さを確かめるように、あちこちにまとわりついてきました。クチュクチュとねばった音を立てて、しごきました。

「はあっ、はふぅ、ううう っ」

私は恥ずかしい声が出るのを抑えることができませんでした。すると嫁が、そんな私をからかうように、舌を突き出してペニスの裏側をゆっくりと舐め上げたんです。

「ひ、いあぁっ、そんなこと……」

ペニスの根元から裏筋を這い上がった舌が、ソフトクリームを舐め取るように亀頭に絡みつきました。嫁はつぶらな瞳を見開いて私を見つめながら、自分の唾液まみれのペニスをしごき、睾丸の袋から亀頭の先まで何度も何度も舐め上げました。

「ううっ……あ、気持ちいぃい、亜希子さん！」

私が全身をビクビクさせて訴えると、うれしそうな笑みを浮かべた嫁が、亀頭をヌメッと咥え込んでしまいました。そのまま肉厚の柔らかい唇がペニスを這い下りて、リズミカルに往復しはじめました。ジュブッ、ジュブッと淫らな音が響きました。

「う、くっ、ああうッ」

吸引の強さを物語るように、嫁の頬が大きく窪んでいました。血管が浮くほど張りつめたペニスが、続けざまに嫁の唇の中に消えては顔をのぞかせました。全裸の嫁の首筋に浮かぶ汗、肢体のうごめき、甘い匂いや息づかい、私の五感すべてが快感に溺れて、いまにも射精してしまいそうな気分でした。

「うッ、ぐッ、くうぅっ！」

そのとき、チュプッと嫁の唇が離れていったんです。

「お義父さんも裸になって、寝てください」

言われたとおり、私は全裸になってベッドにあおむけで横たわりました。すると嫁が四つん這いになって、私の上に跨るようにおおい被さってきました。二人ともすでに汗みどろで、重なっただけでヌルヌルのいやらしい感触に包まれました。

「ほんとうに、意地悪なんですね……」

嫁が私の耳を舐め回しながら、そうささやいたんです。

「えっ、ど、どうして？」

私が聞くと、嫁は右手を二人の間、下半身のほうに伸ばしてペニスを握りました。

「だって、もう、そんなに大きくて硬くなってるのに……」

ペニスを握った手で亀頭をコントロールして、ヴァギナにこすりつけていました。

「入れようと、してくれないんですもの」

すねたように嫁が言うと同時に、亀頭が膣口にハマるのがわかりました。

「私は、もう……我慢できません」

そう言って嫁が腰を落とすと、ヌメヌメとペニスが膣の中に埋まっていきました。

「はうぅ……入りました。き、きついです」

根元まで挿入すると、嫁はむっちりと密着したヒップで円を描きました。深く入ったままの亀頭が、膣の奥でもみくちゃにされました。それから腰をグッ、グッと振りつけ、大きい振幅でペニスを自らの膣の中に出し入れさせました。

「あぁ、お義父さん、硬くて気持ちいいです」

訴えるように私を見つめたまま、「アッ」「アッ」と小刻みなピストンをくり返してから、一気に深く突き刺して、「アアッ！」と背筋をそり返らせました。

私のペニスの隅々にまで、淫らな腰づかいが伝わってきました。

「気持ちいいです……お義父さんのチ〇ポ！」

淫語を発した嫁がきれいな髪を振り乱し、汗まみれの上半身をこすりつけながら、私の耳をしゃぶり、顔面を舐め回してきました。私も負けじとこう言いました。

「くう、亜希子さんのオマ〇コも、すごくエッチな入れ具合だ」

「ああっ、そんな……興奮しちゃいます！」

そう言いながら、嫁はググッと上半身を起こして騎乗位になりました。

「エッチなオマ〇コで、いっぱい、チ〇ポしごいてあげますね」

そうして、私と嫁の淫らな交歓は、いつ果てるともなく続いたんです──。

それからというもの、私と嫁はすっかり禁断のセックスのとりこです。この歳になって男の元気を取り戻すことができるなんて、ほんとうにいい嫁だと感謝しています。

第二章 忘れかけていた欲望が甦る魅惑の女体

不遇な過去を持つ教え子との再会……寂れたスナックで互いの肉体を慰めて

多喜本隆一　非常勤講師・六十三歳

ある田舎町の高校で、非常勤講師をしております。

これからお話しする体験は、いまから二年前のことになります。

私が中学の教師をしていたとき、担任を受け持ったクラスは男女とも仲がよく、教え子たちが卒業したあとも、定期的に同窓会を開いては親睦《しんぼく》を深めていました。

とはいえ、月日が流れるとともに出席者は減り、幸福とはいえない人生を歩む教え子も出はじめました。

彼らは決まって同窓会に出てこなくなり、ほかの出席者から噂を聞くたびに心配していたんです。

織畠《おりはた》涼子《りょうこ》もそのうちの一人で、利発《りはつ》で愛くるしい子だったのですが、家庭環境が悪く、ずいぶんと相談に乗ったものでした。

彼女は二十一歳のときに結婚し、翌年に一人娘を産んだのですが、義理の両親との折り合いが悪くて離婚。子どもの親権を相手側に取られたと聞いたときは、かける言葉もありませんでした。

五年後に再婚した際は、今度こそ幸せになってほしいと心から願ったのですが、今度は夫が借金を作り、三年も経たずにバツ2になってしまったそうです。

いまは小さなスナックのママをしているらしいという話を聞き、胸が締めつけられる思いに駆られ、その日から涼子のことばかりを考えるようになりました。

ほかの教え子から店の場所は聞いていたため、とりあえず様子を見に、私は彼女が経営するスナックを訪れたのです。

歓楽街のはずれ、しかもかなり入り組んだ場所にあり、三十分ほどは歩き回ったでしょうか。開店の準備をしていた涼子の姿を目にしたときは、なつかしさと安堵《あんど》の胸をなでおろしたものです。

「織畠っ！」

店の前で掃《は》き掃除をしていた彼女は顔を上げ、驚きに目を丸くしました。

「せ、先生！」

「久しぶりだな……」

「ど、どうして……」

「この間、同窓会で、このあたりで店を開いてるって話を聞いてな。いや、元気そうじゃないか。六年ぶりかな？」

「もう……そんなになるんですね」

涼子は気まずげに目を伏せ、唇をキュッと噛みしめました。

もしかすると、今度私に会うときは幸福な姿を見せたかったのかもしれません。

気持ちをもっと汲《く》んであげればよかった、よけいなことをしてしまったと後悔したものの、彼女はすぐさま顔を上げ、無理にでも笑みを返してくれました。

「先生、どうぞ！　店のほうに」

「あ、ああ……い、いいのかな？」

「ええ、開店まではあと二時間もありますから」

言葉に甘え、私は店の中に足を踏み入れました。

五人しか座れないカウンター席とテーブル席が一つしかない店内はとても狭く、けっして儲《もう》かっているようには見えませんでした。

「先生は、日本酒党でしたよね？」

「ああ、そうだが、いや、酒なんていいよ」

「だめです。いちおう、スナックなんだから、お酒くらい召し上がっていってくださいよ」

涼子はそう言いながらカウンターを回り込み、私は彼女の容姿をさりげなく見つめました。

アーモンド形の目、すっと通った鼻筋、ふっくらした唇と、三十八歳の熟女は顔がやや面長になったものの、昔の面影は残したままで、より魅力的な大人の女性に成長していました。

胸や腰つきも悩ましい曲線を描き、目のやり場に困ったほどです。

「店を開けるときは、ドレスを着るんですよ」

「あ……そうなんだ」

「真っ赤なドレス、なんならいま、着がえましょうか？」

「い、いや、けっこうだよ」

心の内を見透かされたようで、私は泡を食って断りました。

シャツと膝丈スカートでもスタイルのよさはよくわかりましたし、意外にも元気そうな姿を見ているだけで十分でした。

「はい、どうぞ」

「……すまん」

「私も、飲んじゃおっと」

涼子は日本酒の入ったおちょこと先付けを差し出し、カウンターの中から出てきて私のとなりに腰かけました。

「みんな、元気でした？」

「ああ、今回の参加は十五人だったかな」

「この歳でそれだけ集まるって、すごいですよね」

「送り出した生徒たちはたくさんいるけど、これほど長く続いてるのは、キミたちのクラスだけだよ」

ほかの教え子たちの近況報告に花を咲かせる間、私はやはり涼子の現在の状況が気になっていました。

元夫の連帯保証人になっていたらしく、彼女は離婚したあとも借金の返済に追われているはずです。

なかなか言い出せなかったのですが、会話が途切れた直後、私は思いきって問いかけました。

「金銭面は……大丈夫なのか？」

「ええ、大丈夫です」

彼女は微笑を浮かべましたが、すぐさま顔が曇り、切羽詰まった状況であることはうすうす察しました。

「もし、よかったら、少しぐらいなら融通できるけど……」

そう告げると、涼子はびっくりした顔をし、涙をはらはらこぼして抱きついてきました。

「……あ」

「ありがとうございます。でも……お金なんていりません」

いまにして思えば、私は彼女に対して、教え子以上の感情を抱いていたのかもしれません。小さく肩をふるわせる教え子を目にした瞬間、守ってあげたいという気持ちに駆り立てられました。

「先生、昔と変わらず……優しいですね」

「いや、そりゃ、かわいい教え子だから……」

「私、あのときの先生と同い年になったんですよ」

三十八歳の熟女はそうつぶやくと、顔を上げ、いきなり唇を重ねてきました。

「ちょっ……」

びっくりして身を離したところで、涼子は目元を染めて告げました。

「先生にはいまでも感謝してます。実は……あこがれてたんです」

突然の告白に動揺する一方、胸がときめきました。

多少なりとも、酔いが回っていたことも影響したのかもしれません。

いや、正確に言えば、舞い上がったという言い方が正しかったと思います。

聖職者としてのモラルが瞬時にして吹き飛び、股間を中心に体が燃えるように熱くなりました。

「先生……私、さびしいんです」

「あ、あ……」

濡れた瞳、唇のすき間から放たれる熱い吐息が思考を蕩《とろ》かせ、再び胸に顔を埋められると、もはや拒絶する気は少しも残っていませんでした。

再び唇を奪われた瞬間、私は彼女を力いっぱい抱き締め、無意識のうちに肉感的なヒップをなでさすっていたんです。

若いころの性欲がよみがえり、ズボンの下のペニスがぐんぐん膨張しました。

「お、ふっ」

股間をまさぐられたところで、私はあまりの快感に唇を離してうめきました。

「あぁ……先生のすごい。こんなになるなんて」

「お、織畠、く、くうっ」

「……やぁ」

シャツの上からバストをもみしだくと、驚いたことに、彼女はブラジャーを着けておらず、もっちりした柔らかい感触に、脳みそが爆発するかと思いました。

乳房の量感を堪能《たんのう》している間も、涼子は男の中心部を手のひらでなで回し、もはや後戻りすることは不可能な状況に追いつめられました。

「先生、こっちに来て」

「あ、ああ」

胸を高鳴らせるなか、彼女は私の手首をつかみ、テーブル席に連れていきました。

そしてソファにあおむけに寝転び、のしかかるような体勢で倒れ込んだ私の唇に、またもやむさぼりついてきたんです。

ねっとりした舌が口の中を這い回り、唾液をじゅっじゅっと吸われました。

大口を開け、顔を左右に揺らして舌を絡めてきたときは、食べられてしまうのではないないかと思ったほどです。

これほど情熱的なキスを経験したのは、初めてのことでした。

私は二十七歳のときに妻と見合い結婚し、ほかの異性との体験は一度もありません。根がまじめというよりも度胸がなく、妻も受け身一辺倒だったため、当然のことながら女性を喜ばせる自信などまるでありませんでした。

あのときは頭の中がぐちゃぐちゃの状態で、ただひたすら乳房をもんでいると、涼子は私の手をスカートの下に導いてくれました。

薄いショーツのクロッチはほんのり湿っており、しっとり汗ばんだ内腿の弾力感がさらに昂奮のボルテージを高めました。

「あぁん、先生!」

中心部に沿って指を動かしただけで、彼女は艶っぽい声を放ち、腰を派手にくねらせました。

女盛りを迎えた女体は感度がよく、満ち足りない生活が欲求不満を溜め込んでいたのかもしれません。

布地からヌルヌルがにじみ出てきて、ペニスがビンビンになりました。

私は身を起こすや、スカートをたくし上げ、ショーツの上縁に手を添えたところで目を見張りました。

総レース仕様の深紅のビキニショーツがとてもいやらしく、目がチカチカするほどのエロスと刺激を与えたんです。

股のつけ根から放たれるムンムンとした発情臭も、全神経を昂奮の渦に巻き込みました。

「はあはあ、はあっ」

「あ、だめ」

鼻息を荒げてショーツを剝きおろす間、涼子は小さな声で拒絶したのですが、すでに性獣と化した私の耳には届きませんでした。

「お、おおっ」

逆三角形に刈り揃えた陰毛、ふっくらした恥丘のふくらみに声を裏返し、女陰と裏地の間で透明な粘液が糸を引くと、喉をゴクリと鳴らしました。

彼女は、早くも男を迎え入れる準備をととのえている。その事実が感動にも似た喜びを与え、下手をしたらパンツの中に放出してしまうのではないかと思いました。

「はあぁ、いやっ」

かつての教え子は、異性との体験が私よりも豊富なのは明らかです。

男をその気にさせるすべも知り尽くしており、私のような朴念仁《ぼくねんじん》は赤子の手をひねるようなものだったに違いありません。

恥じらう姿は演技だったのかもしれませんが、やたら愛くるしく見えてしまい、この子のためならなんでもしてあげたいという気持ちになりました。

「あ……先生」

本能の赴《おもむ》くまま、私はむちっとした太ももを左右に広げ、らんらんとした視線を女の園に向けました。

外側にめくれた肉厚の陰唇、包皮から顔をのぞかせた小指の爪大のクリトリス、そして愛液をまとわせたコーラルピンクの内粘膜が、誘うようにうねっていました。

甘ずっぱい匂いが鼻腔をくすぐった瞬間、私は我を忘れてかぶりついてしまったんです。

「あ、あぁンっ」

鼻にかかった吐息を聞きながら必死に舌を跳ね躍らせると、ねばっこい液体が滾々《こんこん》と溢れ出し、唇をすぼめて喉の奥に流し込みました。

あれほどクンニリングスに夢中になったのは、初めてのことだったかもしれません。

口の周囲は瞬《また》く間に愛液にまみれましたが、私は意に介さず、ふっくらした女肉をむさぼり味わいました。

「はあ、先生……き、気持ちいい」

もしかすると、演技だったのかもしれません。

それでも相手が感じている様子に男が奮い立ち、なんとか舌だけでイカせたいという気持ちが募《つの》りました。

クリトリスを集中的に責め立てていると、彼女は手を伸ばし、女とは思えない力で私の体を引き上げました。

「はあはあっ」

「……やだ」

うるんだ瞳にピンクに染まった頬と、やたら色っぽい表情は、いまだに忘れられません。

涼子は手のひらで私の口の周りをふいたあと、切なげにつぶやきました。

「先生ばかり……ずるい」

「え……あ」

彼女は強引に体位を入れ替え、ズボンのベルトをゆるめたあと、チャックを引きおろしました。

女性からの積極的な行為に目を丸くしたものの、リードしてもらったのは逆によかったのではないかと思います。

ズボンとトランクスを引きおろされた瞬間、勃起が跳ね上がり、凄まじい羞恥心が身を焦がしました。

「あ、あ、だめだよ」

恥部を隠そうとした手を払いのけられ、好奇の眼差しが男の中心部に注がれました。

「は、恥ずかしいよ」

「先生だって、私の、さんざん見たじゃないですか」

腰をくねらせたところで、彼女はペニスをつかんで軽くしごきました。

「あ、く、くうっ」

「すごいわぁ……先生の歳でも、おチ○チンこんなに硬くなるんですね」

熟女は吐息混じりに告げると、顔を近づけ、陰囊から裏茎に向かって舌をツツッと這わせました。

「ぬ、ぬうっ」

実はフェラチオも初体験で、妻には不潔だからと拒否されつづけていたんです。

まさか、教え子が初めての相手になろうとは夢にも思わず、私は惚《ほう》けた表情で股間を見おろしました。

涼子は胴体にソフトなキスを何度も浴びせたあと、たっぷりの唾液をまぶしながらカリ首や鈴口を舌先でなぞり上げました。

「くおっ」

心地いい性電流がピリリと走り抜け、そのたびに身をくねらせるなか、彼女は口を開け、ペニスを真上からゆっくり吞み込んでいきました。

「お、おおっ」

性器をまったり包みこんでいくときの感触は、まるで天国に舞いのぼるような快感を与えました。

ぬくぬくしたヌメリがペニス全体に絡みつき、あのときの感覚を思い出しただけでいまでも股間がムズムズするほどです。

驚いたことに、彼女はペニスを根元まで招き入れたあと、喉の奥で先端をキュッキュッと締めつけました。

そして頰をすぼめながら顔を引き上げ、じゅるじゅるとけたたましい音を立ててペニスを引き絞ったんです。

口の間からまたもや大量の唾液を滴らせたあと、顔の打ち振りが開始され、巨大な快感が津波のように襲いかかりました。

「あ、うっ、あ、あぁ！」

ペニスがもぎ取られそうな感覚に続いて睾丸が吊り上がり、精液が出口を求めて暴れ回りました。

あのときの私は、女のように腰をくねらせていたのではないかと思います。

射精願望をこらえることに必死で、ソファの縁に指の爪を食い込ませていました。

「お、お、織畠っ！」

「ンっ、ンっ、ンっ！」

熟女は鼻から小気味いい息継ぎを繰り返し、さらに顔のピストンを速めました。

とても耐えられそうになく、私は泣きそうな顔で我慢の限界を訴えたんです。

「そ、そんなに激しくしたら、イッちまうよ！」

涼子は顔の動きを止めてペニスを吐き出し、あだっぽい笑みを浮かべながら言いました。

「だめです……こんなんでイッちゃ」

彼女が身を起こし、腰を跨ってきたときは、いよいよ教え子と禁断の関係を結んでしまうのかと思ったのですが、もちろん理性は少しも働きませんでした。

スカートがたくし上げられると、陰唇が鶏冠《とさか》のように突き出し、愛液が照明の光を反射してきらきらときらめきました。

惚けた表情で股間を見つめるなか、涼子はペニスを垂直に起こし、亀頭を愛液まみれの割れ目に押し当てたんです。

「あ、あ……」

ヌメヌメの感触に続いて生温かい媚肉が切っ先を包み込み、カリ首がさほどの抵抗もなく膣の中に埋め込まれました。

重たげなヒップが沈み込むと同時に、ペニスは膣道をズブズブと突き進み、あっという間に恥骨同士がピタリと重なり合いました。

「あ、くくっ」

こなれた膣肉がペニスにべったり張りつき、うねりくねりながらもみ込んでくるのですから、妻との営みとは次元の違う感触に驚き、ただ酔いしれるばかりでした。

腰を使うことなどまったくできず、私はただうつろな表情で天井を見上げるばかりでした。

「はあっ、先生の、ホントに硬い。それに……大きいわ。若いときには、女の人、ずいぶんと泣かせたんじゃない?」

「そ、そんなこと……あっ、おおっ」

ヒップを軽く揺らしただけで、ペニスがギューギューに引き絞られ、私は顔をくしやりとゆがめて咆哮《ほうこう》しました。

最初は緩やかなスライドから徐々にストローク幅を広げ、まろやかなヒップが打ちおろされました。

パチンパチンと太ももを打ち鳴らす音の合間に、結合部から卑猥な水音が響き、下腹部全体が言葉では言い表せない浮遊感に包まれました。

情けないことに、結合してから五分とたたず、私は頂点に導かれてしまったんです。

「ああ、先生、いい、気持ちいいわぁ」

「むっ、むっ!」

最後はドスンドスンとヒップを叩きつけられ、息が詰まるほどのピストンが繰り返されました。

「はあぁ、すぐにイッちゃいそう! 先生も突いて、突いてぇ!」

髪を振り乱して叫ぶ涼子の姿に脳の芯が震え、最後の力を振り絞った私は、下からガンガンと恥骨を迫《せ》り上げました。

「い、ひぃいっ」

彼女は奇妙な声をあげたあと、ヒップを大きくグラインドさせ、私の頭の中で白い火花が八方に飛び散りました。

「あ、お、俺もイクっ……」

「出して、中にいっぱい出してくださいっ！」

「ぬ、おおっ！」

ラストスパートとばかりに腰を突き上げた私は、ついに彼女の中に牡の証《あかし》をぶちまけてしまったんです。

そのあとは結合したまま、どれほど抱き合っていたでしょうか。

涼子は口元にキスをし、「先生……ありがとう」と優しい言葉をかけてくれました。

罪悪感や後悔がなかったわけではありませんが、私の彼女に対する気持ちは変わりません。なんとしてでも力になりたいと考え、一週間後に店に電話したところ、まったく繋がりませんでした。

すぐさま店に向かうと、すでに閉店しており、私は呆然《ぼうぜん》と立ちすくむばかりでした。

彼女はいま、どこでどうしているのか、心配で心配で仕方ないんです。

性欲を持て余すドスケベ派遣OLが夜のオフィスで部長の牡幹を呑み込み

河野安奈　派遣OL・二十七歳

私はとあるメーカー系の会社で、派遣OLをしています。

独身でいまは彼氏もいません。社内ではみんな私のこと、男に慣れてないウブな女の子だと思っているみたいです。

でも実は私、エッチなこと大好きなドスケベ女子なんです。特に生理前になると、もう性欲がパンパンにふくらんじゃって、事務机の上のマーカーペンやスティックのりを見ただけでも、「入れたぁい」って思っちゃうくらい。誰でもいいからハメてぇっと、同僚だろうとかまわず誘っちゃうんです。

私って、顔立ちはかわいめのロリ系だし、お胸もぷりんぷりんのGカップ。どの職場に行っても、ハメてくれる男性には事欠きませんでした。

ところが、残念ながらいまの派遣先は完全に女の園なんです。おち○ぽビンビンの若い男性社員なんか影も形もありません。私はもう、オトコ日照りもいいところでした。

そんな中、たった一人だけ、私のおめがねにかなう男性がいました。

五十四歳の倉田《くらた》部長です。ほんの一部だけ白髪になった髪が、とってもダンディなおじさまなんです。

普通の会社なら、部長が派遣OLなんかに声をかけてくれることはまずありません。だけど倉田部長って、すごく気づかいのできる人なんです。私が残業で根を詰めたりしていると、すっとそばに来て、「納期はまだ先だから、あまり無理しないでいいんだよ」と優しく言ってくれたりします。

部長の甘い低音ボイスでささやかれると私、それだけで子宮がキュンと疼いて、ショーツの奥がねっとりうるんできちゃうんです。

こんなステキなおじさまと、不倫エッチしたい……。

私は連日、そんな欲望に一人悶々としていました。

もっとも、倉田部長は浮いた噂どころか、夜遊びすらまったくしないという噂のマジメ人間です。

なんとか倉田部長を誘惑しようと、私は虎視眈々《こしたんたん》とチャンスをうかがっていました。

そんなある夜のことでした。

その日はたまたま、部署の人たちはみんな残業もほとんどなく、定時で次々と席を立っていきました。ふと気がつくと、残っていたのはせっせと資料整理をしていた私だけになっていました。

「あれ？　どうしたの河野《こうの》さん。こんな時間まで一人で残業かい？」

不意に、背後であのしぶい低音ボイスが響きました。外部の会議を終えて帰社した倉田部長が、驚いた顔で立っていました。

思いがけないチャンス到来にちょっぴりあわてながらも、私は平静を装って、うーんと大きく伸びをしてみせました。

「はい……明日までに整理しちゃいたい資料があって。やだもう、こんな時間。ああん、肩こっちゃったあ」

「お疲れさん。今日はもう切り上げて帰りなさい」

笑顔でそう言ってくれる倉田部長に、私は上目づかいに、甘えた調子で言いました。

「あーん、部長ってやさしい！　ねえ部長、よかったらちょっとだけ、肩、もんでいただけませんか？」

「肩？　いや、もんであげたいけど、いまそういうのはセクハラになりかねないから」

ためらう部長に、私はますます甘ったれた声で続けました。

「だいじょうぶですよお。私がイイって言ってるんですから。ね、おねがいします」

部長のいかにも男らしい大きな手が、そっと私の細い肩をつかみます。ソフトなマッサージに、思わずヘンな声を出しちゃいました。

「ああーん、そこ、気持ちイイですぅ。もっと、もっと強くお願いします……」

「おい、河野さん、そんな声を出されちゃ困るよ」

困惑顔の倉田部長ですが、それでも私の肩をもみもみしつづけてくれます。

誰もいない夜のオフィスで、あこがれの部長と二人っきり。しかもいままで許されなかった、すごく密着した距離で。私、ほんとうにどんどん体がほてってきて、腋の下には汗がじっとりにじみ出てきちゃいます。

ブラジャーの中で、おっぱいの先が自然にツンととがってきて、お股の内側がぬるぬるしてくるのが自分でもはっきりわかります。

「どうしたの、河野さん？　顔が真っ赤だよ。熱でもあるんじゃないの」

「はぁ、はぁ……だ、だって、部長にさわられると、ドキドキしちゃって、私……」

私は部長の手を取ると、それをそっと、自慢のGカップにふれさせました。

「こ、河野さん……!?」

最初は驚きを隠せない様子の部長でしたが、そこは大人の男性です。すぐにわたしの気持ちを悟ってくれました。

「社内で上司にこんなことを……いけない子だね」

甘い低音で耳元にささやきかけながら、部長は大きな手で、今度は私の豊かなお胸を、もみもみしはじめたんです。

「ああんっ、部長、もっとしてください……それ、気持ちイイですぅ」

ずっと倉田部長にしてもらいたかった社内でのエッチないたずら……私、もうゾクゾクするくらい感じちゃって、どんどんおねだりしちゃいます。

部長は背後から私を抱きすくめ、ブラウスの上からおっぱいをもてあそびながら、こんなふうに言うんです。

「いいのかい？　ぼくは君と同じくらいの娘がいる、おじさんだよ」

「はい。私、ずっと部長と、したいなぁって思っててぇ……ああ、いいですぅ。もっとおっぱい、ぎゅうってしてください」

いきなり部長は私の顎をつかむと、荒々しくキスをしてくれました。私のぷるんとした桃色の唇をむさぼるみたいに吸い、それから舌でぺろんぺろんてするんです。

私も反射的に舌を差し出して、部長の舌とねっちょり絡み合うディープキスを楽しんでしまいます。

こういう中年おじさまならではの、ねっとりしたいやらしいキス、大好きなんです。性感帯が突然口の中に移ったみたいになってしまって、もう腰が砕けそうなくらい感じるんです。

「河野さん、実はぼくもね、君のこと、ずっとカワイイなって思ってたんだ。この大きなバスト、いつもひそかにスケベな目で見ていたんだよ」

「うれしい。うれしいです、部長。今夜は好きなだけセクハラしてください」

ヨダレを滴らせながらのディープキスをしながら、私の手はいつしか部長のスラックスへと伸びていました。

部長のお股は、もうカチカチにテントを張っちゃってます。

「あの……部長のムスコさん、拝見してもよろしいですか？」

私は床に膝をつくと、部長のズボンのベルトをゆるめます。ズボンと下着をゆっくりおろしていくにつれ、逞しく充血した部長のアレが目の前にビンッと現れました。

たっぷりと使い込んだ年輪を感じますけど、硬さはとっても若々しくて。

「ああすごい、部長の、こんなに張り詰めちゃって……それに大きいですぅ」

私はうっとりと、期待どおりの力強さを見せてくれるソレを見上げました。

「君みたいな若い子とするなんて、結婚して以来初めてだからね。いい年をして、ぼくもすごく興奮してるよ」

私は部長をオフィスチェアに座らせると、そのお膝の間に跪《ひざまず》いて、元気いっぱいに勃起したものを、下からじっくりとナメナメしてあげます。タマタマ袋の根元から、棒の先っちょまで、ちろちろ、れろれろと味わっちゃいます。

「おおーっ、河野さん、すごいテクニックだね……ああ、たまらん」

部長が喜んでくれてる。そうわかったとたん、私も全身がぞわぞわ感じちゃって、ますますご奉仕に熱がこもっちゃいます。

横咥えしてちゅっちゅしたり、タマタマをお口に含んでもぐもぐしたり。そうしてたっぷりジラしたあと、いよいよ先走りタラタラの亀頭ちゃんをぱっくんします。

「うう―ん……」

部長ったら、こらえられないって声出しちゃって、かわいいんです。私もおしゃぶり、大好きなんです。気がつくと、夢中で部長のそれをお口いっぱいに頬張って、とってもハードな唇ピストンをしてあげてました。

「おおっ、すごいね、河野さん。そんなにされたら、出ちゃいそうだよ」

私は急いで、ちゅぽっと部長のそこから唇を離します。

「やあん、まだイッちゃイヤです、部長。まだまだ、いっぱい気持ちイイことしてあげたいんですから」

私は自分からブラウスのボタンをはずし、ブラも脱ぎ捨てます。お供え餅みたいにおっきくて真っ白な私のおっぱいを見て、部長が目を輝かせました。

「こうして見ると、ほんとうにすごいバストだね。若いからお肌ももちもちだ」

たまらなくなったように、手を伸ばして部長が私のおっぱいを優しく愛撫してくれます。薄桃色の乳首はさっきからずっとコリコリで、ちょっと指でいじられただけでビリッとしびれるくらいの快感なんです。

「あん、やあん、まだダメです。いまは私がしてあげるんですから」

私は両手で重たいおっぱいを持ち上げて、テカテカになってそそり立ってる部長のアレをむぎゅっと挟んであげます。

そのまま上下に体を動かしてパイズリのご奉仕です。男の人って、ほとんど例外なく、これが好きなんです。

「うふふ、どうですか、部長。私のおっぱい責め」

「おお、こんな快感もあるんだ……恥ずかしながら、こんなプレイ初めてだよ。ああ、ぷるぷるで気持ちイイよ、河野さん」

部長ったら、目を爛々《らんらん》とさせて、私のいやらしい姿を凝視するんです。そんな目で見られると、ますます欲情しちゃって、部長のそこを握って、その先っちょを痛いほど硬くなっている自分の乳首をこすりつけたりして、気持ちよくなっちゃいます。

「はぁはぁ……こうして部長におっぱい犯されてるだけで、私もイッちゃいそうです」

すると倉田部長はおもむろに立ち上がり、私の手を握りました。

「オフィスの真ん中でするのもいいけど、もうちょっと落ち着けるところで続きをしよう」

部長が私を連れていったのは、オフィススペースに隣接する小会議室でした。長いテーブルに椅子が八席くらいのちんまりした小部屋で、ドアを閉めれば密室です。

私は広々したオフィスで誰が来るかわからないスリルの中でやるのも燃えるんですけど、部長は邪魔が入らないところでじっくり楽しみたいタイプみたいでした。

「今度はぼくが、悦ばせてあげるよ」

部長は会議用のテーブルに私をあおむけに寝かせると、マッサージ師さんみたいに体に手を這わせてきます。

まずは、すでに丸出しになっているおっぱいからです。ふくらみ全体を両手でゆっくりともみこねるように愛撫したかと思うと、ツンツンしている乳首を指先で意地悪くつねったり……経験豊かな部長のテクニック、想像以上にすごいんです。

「んんっ、ぶ、部長……と、とっても、とっても感じます……はああん」

「おっぱい、敏感なんだね。ほかの部分はどうかな？」

部長の手は、私の脇腹をくすぐりながら、じわじわと下のほうへとすべっていくんです。

タイトスカートがめくり上げられて、パンストをはいた下半身が露出してしまいます。部長ったら、パンストの繊維の感触を楽しむみたいに、私の太ももを指先でやわやわと刺激します。

「あ、やあぁ……部長のさわり方、とってもエッチですぅ……」

「君がこんなにむちむちした、そそる脚をしてるから悪いんだよ。おやおや、大事なところが、パンスト越しにもわかるくらい湿ってしまってるじゃないか。おもらしがすぎるんじゃないか、河野さん？」

部長が、ねっとりとささやきます。

だって、私だってさっきから興奮しっぱなしなんですもの。恥ずかしい女の子のおつゆがとめどもなく溢れてしまって、ショーツはもちろん、パンストにまでじっとりにじんでしまっているのが自分でもわかるんです。

「ああん、部長の意地悪……そんなこと言っちゃダメですぅ」

「そろそろ、ここを直接刺激してもらいたいんじゃないかい？　ん？」

部長の老練な指先が、パンストの上から、私のお股のいちばん敏感なトコロを、こちょこちょ、くりくりと苛《いじ》めてくれます。

「んあぁーっ！　ぶ、部長っ、そ、そこは……ああーん、気持ちイイですぅっ！」

すごく感じちゃうんですけど、二枚の布が間にあるもどかしさもあるんです。

でも、そのもどかしさがまた私のM心に火をつけて、もうどうしていいかわからなくなっちゃいます。

「おやおや、さらに濡れてきたよ。こうやってアソコをいじられるのが好きなんだね、河野さんは。まさか、会社でオナニーなんかしてないだろうね？」

指戯に加えて、言葉でも責められるのも最高です。思わず正直に秘密を告白しちゃいました。

「は、はい……会社でも部長のことを考えるとムラムラして、ついおトイレで、オ、オナニー……しちゃいました。ご、ごめんなさい」

「みんなマジメに働いてるのに、業務中に自慰なんて、いけない子だね。ちゃんとイケたのかい？」

私は、トイレの個室で自分のアソコをいじり回している時間を回想して、ますます興奮を昂らせていました。

「は、はい……いけない、いけないと思うとよけい感じちゃって……すぐ、イッちゃいました。すごく、気持ちよかったです……はああ。思い出しちゃった。ああ、部長、私、イキそうです。ああ、イク……」

ところが、私の性感が高まりきったそのタイミングで部長ったら、すっと手を止めるんです。あとちょっとで最高だったのに。私は部長の腕をつかんで哀願しました。

「やああん、やめないでぇっ。イキたいですぅっ。イカせてください、部長」

部長は穏やかににっこりすると、静かに首を横に振りました。

「ダメだよ。君ももうちょっとガマンしないと。それに、そろそろ直接さわってほしいんじゃないのかな？」

「ああ……はい。ちょ、直接、さわってほしいです」

私の耳を舐めるみたいにして、部長が低音ボイスでさらに責めてくれます。

「さわるって、どんなふうにしてほしいの？　言ってごらん」

「え。そ、そんなの、恥ずかしいですぅ。言えません……」

すると部長は、手をわざと私のアソコから遠い、膝のあたりなんかをなでるんです。

「言わないと、さわってあげないよ。それでいいの？」

私は激しくイヤイヤをします。

「ダメですぅーっ！　イキたくてたまらないんですぅっ！　あ、あの……パ、パンストも、ショーツも脱がせて……じ、じかに……さわってください」

「どこに？　ちゃんと言わないとわからないよ？」

部長ったら、私の想像以上にドSです。でも、そこが好きなんです。

「い、言えません。そんなの、恥ずかしすぎます」

「言わないと、もう終わりにしちゃうよ」

部長は、今度は太もものつけ根をこちょこちょしてじらすんです。私、とうとうたまらなくなって、小さな声で言ってしまいました。

「ああ、やだぁ……あの、おま、おま○こを……おま○こを、じかにいじってください」

「そんな言葉を口にするなんて、ふしだらな子だね。おま○こが、そんなに好きなの？」

私は何度も大きくうなずきました。

「はい、おま○こ大好きです。自分でさわるのも、人にいじってもらうのも、ギンギンのチ○ポ突っ込んでもらうのも、全部大好きですぅっ。ああ、部長、お願いします、お願いします。私のおま○こ、早くナマで苛めてください。クリトリス、指で弾いてほしいです。穴に指突っ込んでかき回してほしいです。チ○ポ入れてほしいですっ」

「よく言えたね。ご褒美だよ」

部長はそう言うと、ビリビリと私のパンストを引き破ります。パンストが原型を留めなくなると、ショーツも引きおろしてしまうんです。

「ああ、よく見えるよ、河野さんの恥ずかしい部分が。すごく毛が薄いんだね。ピンク色のきれいなワレメだね。いや、それにしてもたいへんなおもらしぶりだ。マン汁でそこらじゅうネトネトだよ」

「ああ、ダメです、こんな明るいところでじっくり見ちゃ……恥ずかしいですぅ。私、すぐマン汁いっぱい出ちゃうから」

約束どおり、部長は節くれだった長い指で、私のそこにふれてくれました。ビラビラを指でつーっとなぞり、もうピンピンに硬くなっているクリをつまんで、ぐりぐりとひねくってくれます。

待ちに待った、最高の刺激でした。

「んひぃーっ！　いいですぅっ、部長っ！　あああーっ、すぐイッちゃいそうっ！」

「ほら、中にも……これが好きなんだろう？」

指が小刻みに震えながら、私の内部にも入ってきてくれます。部長は巧《たく》みな指さばきで、たちまち私の奥にある秘密のスポットを探り当てます。

そこをほんの数回、コリコリされただけで、私は感電したみたいにお尻を跳ね上げて叫んでしまいました。

「いひぃぃーっ！　イクイクイクぅーっ！」

大量の本気汁を溢れさせて、ずっとお預けされていた絶頂に、やっとありつくことができたんです。たっぷりガマンを強いられてたぶん、悦びの深さもひとしおでした。

「おやおや、こんなにいやらしい汁を洩らして……勝手にイッてしまうなんて、ダメじゃないか！　まだお仕置きは終わってないだろう？」

私はまだ半分夢見心地でしたけれど、もちろんこれだけで終わらないことはわかっていました。自分でお股を大きく広げて、じゅくじゅくに熱くなっているワレメを部長の前にさらします。

「お、お願いします……部長の大きいので、私のおま◯こを奥まで犯してください！　部長の濃厚イキ汁、子宮にぶっかけてくださいますか……？」

部長はニッと笑うと、若者みたいに勇ましく突っ立ったままのアレを握りしめ、私の欲張りな膣の中へとゆっくり差し入れはじめました。

部長のモノは、ほんとうに大きくて立派です。ゴリゴリと硬いものが、私の内側をみっちり満たしてくれます。

私の中に挿入すると、部長も大きく吐息を洩らしました。

「うぅーん、若い子の生マンはやっぱり最高だな。みずみずしいフルーツみたいにナニを包んでくれるよ。こりゃクセになりそうだ」

「あはぁんっ、部長の、すっごく奥まできてますぅっ。思ってたより何倍も気持ちイイですっ。もっと、もっと動いてくださいっ。部長のすごいので、おま○こすってくださいっ」

私のおねだりを受けて、部長はじわじわと腰をグラインドさせはじめました。

アレが前後に動くと、大きく張り出したカリが、私の内側にあるいちばんエッチなツボにズリズリ当たって、すぐに悶絶しちゃうんです。

「はうぅっ！ 最高です、部長っ！ もっと、もっと激しくこすってくださいっ」

「こうか？ これが好きなのか？」

部長は私の腰を抱えると、立ったままガンガン打ちつけてきます。

激しいピストンの刺激は、さっきの指いじりとは比較にならないほどでした。

ずっとずっと欲しかった、倉田部長の生チ○ポです。たちまち快感のボルテージが、また絶頂に近づいてしまいます。

「やんやんっ、部長すごぉいっ！ これ、またイッちゃいますっ」

「おっと、まだまだ」

部長は私を立たせると、両手をテーブルにつかせて、大きく両脚を開かせました。

今度は立ちバックで、お尻のほうから挿入してくれるんです。

立ったまま、体を「く」の字に突っ伏して、背後から動物みたいに粗雑に犯されてるポジショニングが、たまらなく興奮しちゃいます。

二人とも床に足を踏ん張ってますから力も入りやすくて、さっきよりさらに奥までグンッて入る感じもたまりません。

「そら、そら、こうして後ろからヤラれるのも好きだろ？」

サディスティックにささやきながら、部長はパンパンと私のお尻に腰を叩きつけてくれます。

「はいっ、好きですっ。気持ちイイですうっ。もっと家畜みたいに犯してくださいっ。あヒィッ！　あヒィッんっ！　おかしくなるぅっ！」

ふと見ると、電源の入ってないテレビの黒い画面に、会議室で立ちハメされてる私のふしだらな姿が映っています。部長もとろけそうな表情です。

「ああ、ぼくももうイキそうだ。ほんとうにこのまま出していいんだね？」

「はい……溜まってる部長の精液、気がすむまで私の中に出してくださいっ。中出し大好きぃ……精液でイキたいですぅ」

部長の腰の出し入れが、いよいよ最後の激しさになっていきます。

私の中のアレがどんどん硬くパンパンになっていくと同時に、性感も限界の高みに達しようとしていました。

「うおお、イクぞぉっ！」

「あっ……あぁーっ部長ーっ！　私も、私もイキますぅっ！　んあっ！　はぐぅっ！あ、あ……イッ、イックぅう……ッ!!」

部長のものが爆《は》ぜたみたいに、あったかい粘液がびゅびゅっと私の胎内に飛び散るのを感じました。その瞬間に、お尻をガクガク痙攣させて、極上の本イキを味わったんです。

それ以来、私と部長は定期的に不倫セックスを楽しんでいます。この最高な生活は、絶対にやめられません。

ボランティア仲間の人妻に誘われた私
四十路の牝穴に熟成男汁を大量発射！

渡辺義久　無職・六十八歳

会社を定年退職した私は、第二の人生に地域のボランティア活動をしていくことを選びました。

退職金で生活には余裕があり、子どもはひとり立ちして手がかからなくなっています。私自身、ずっと会社人間で趣味らしい趣味もなく、それならば人の役に立つことをして生きて行こうと決めたのです。

善は急げということで、すぐさま私は妻の了承も得て、地元にあるボランティア団体に参加させてもらいました。

この団体は地域住民によって運営されており、二十人ほどが参加しています。女性の数に比べて男性は少数派で、私はそのなかでも最年長でした。

女性たちは四十代から五十代が多く、ほとんどが時間に余裕のある主婦です。

彼女たちと話をしてみると、ボランティアを始めたきっかけもさまざまでした。

子育てを卒業して空いた時間を有効に活用してみたい。学生時代にできなかったので一度やってみたかった。そういった前向きな動機だけでなく、少しでも旦那さんと離れていたいからという女性までいました。

活動の内容もゴミ拾い活動、登下校時の生徒の見守り、バザーの企画など幅広くやっています。

若い人たちと力を合わせながらのボランティア活動は、とても楽しいものでした。もちろんお金にはなりませんが、新たな生きがいを得て充実した時間を過ごしていました。

ところがある日、ちょっとした噂を耳にしました。

それはボランティア仲間の二人の男女が、どうやら怪しい関係になっているらしいというものでした。

まじめでしっかりした人が多いだけに、まさかという思いでした。もしそういった目的で参加しているのなら、実に残念で嘆《なげ》かわしい話です。

もっとも私のような年寄りには、まったく縁のないことでもあります。なにしろもうすぐ七十歳です。男として見られているなどとは、露《つゆ》ほども思っていませんでした。

それからしばらくが過ぎ、私はある女性と二人で行動をすることになりました。

彼女は和美《かずみ》さんという四十三歳の主婦です。高校生の子どもと旦那さんの三人家族で、なかなか美しい顔立ちをしていました。

その日の私たちの仕事は、開催されるバザーの告知のチラシを近隣の家に配布することでした。

彼女はこうした地道な活動でも欠かさずに参加してくれる、まじめな女性です。誰よりも仕事熱心で、悪い噂など一度も聞いたことがありません。

私としても彼女との仕事は願ってもないことでした。もちろんそれは下心ではなく、純粋に彼女のことを信頼していたからです。

ふだんと同じように、私たちは寄り道もせず一軒一軒の家を歩いて回りました。

彼女は道中でもむだ口を叩くことはほとんどありません。おしゃべりな女性は気疲れがするものですが、彼女はそれがないのでかえって安心できます。

一時間ほどで配布を終えると、帰り際に彼女が声をかけてきました。

「あの、これからお時間はありますか？」

「ええ、まぁ」

「それでは、うちで少しお話しをしていきませんか？　いろいろとご相談したいことが……」

彼女とは長いつきあいでしたが、こんな誘いを受けたのは初めてでした。もしや深刻な悩みでも抱えているのではと心配になり、彼女の家にお邪魔させてもらいました。

家族はそれぞれ仕事と学校に行っており、私たちは家の中で二人きりでした。

しかし、せっかくテーブルで向かい合っても、彼女はモジモジと恥ずかしそうにしたまま、なかなか悩みを打ち明けてはくれません。

「実は……」

ようやく口を開いたかと思えば、とんでもないことを言い出したのです。

「お願いします……私を抱いてください」

私は驚きで言葉を失ってしまいました。

まちがっても、彼女はそんなことを冗談で言うようなタイプではありません。しかも、わざわざ私を家に連れてきたのだから、本気であるのは明らかでした。

「落ち着いてください。あなたは人妻だし家庭もあるじゃありませんか」

「主人とはもう何年も体の関係がないんです。仕事が忙しいと避けられてばかりで……私がどれだけさびしいか、ちっともわかってはくれないんです」

彼女は興奮してきたのか、感情を込めて切々《せつせつ》と私に訴えはじめました。

もしかして彼女も、例の噂を耳にしていたのかもしれません。それで自分も浮気をしたいという願望が芽生え、誰にも怪しまれることのない私を選んだのではないでしょうか。

彼女はもうあとには引けなくなったのか、さっきまでの恥ずかしそうな態度はどこへやら、私の目の前に詰め寄ってきました。

「見ていてください」

そう言うと、おもむろに服を脱ぎはじめたのです。

裸になってゆく彼女を、私は止めることもできずにただ見守っていました。まさかここまで思いきったことをするとは、夢にも思っていなかったのです。

次々と服を床に脱ぎ捨て、あっという間に下着姿です。そこでも止まらず、ブラジャーに手をかけました。

「どうですか、私の体……抱きたくなりませんか？」

私に裸を見せつけながらも、どこか自信なさげな声でした。

彼女の体は美しく、見とれてしまうほどです。胸のふくらみも上品で、乳首が形よく突き立っていました。

彼女もおそらく相当な覚悟で裸になったはずです。もし私が断ってしまえば、旦那さんと同じことをしてしまうことになり、彼女を傷つけることになるでしょう。もっともそれは表向きの理由で、正直に言うと、ムラムラした衝動を抑えきれなくなったのです。

「じゃあ……ほんとうに、いいんですね？」

私が言うと、彼女は黙ってうなずきました。

それを見て私は、彼女の胸に手を伸ばしました。

私にとっても久々に感じる若い女の肌です。胸のやわらかさや温もりに、心臓が高鳴りました。

私が胸をさわっていると、それだけで彼女は切なげに目を閉じながら、うっとりとしていました。

その表情を見てたまらなくなった私は、思わず強引にキスをしてしまいました。

彼女は驚いたようですが抵抗はしません。それどころか自ら唇を開いて舌を差し出してきたのです。

私のような年寄りのキスを受け入れてくれたことに、内心ではものすごく感激していました。

しばらく夢中になって唇をむさぼっていると、彼女の息が荒くなっていることに気づきました。息苦しいのではと思い、あわてて唇を離しました。

「すいません、つい止まらなくなって」

「いいんです。私も久しぶりにあんなにキスをされて、すごくドキドキしました」

謝る私に、彼女はそう言ってくれました。

しかも今度は、自分から唇を重ねてきたのです。先ほどよりもねっとりと舌を絡め、私の頭に手を回して離れてはくれません。

どれくらいそうしていたのか、彼女と抱き合ってキスをしているうちに、股間がムズムズしはじめました。

実は私は、もう十年以上はセックスはおろか、勃起することさえなかったのです。それなのに、久々に訪れた勃起の感覚に驚いていました。

下腹部に股間を押しつけられている彼女も、それに気づいたのでしょう。

「あっ……」

そう声に出し、私の股間へ手を伸ばしてきました。

服を脱いだときもそうですが、彼女は見かけによらず大胆です。ズボンの上から股間に手を当て、なで回してきました。

「ふふっ、すごくお元気なんですね」

うれしそうな声で私に言うと、何かを訴えかけるように私の目を見つめてきます。私には彼女の考えがすぐに理解できました。おそらくは私の手でズボンを脱いでもらいたいのでしょう。

案の定、私がベルトに手をかけると、彼女はすぐさま目の前にしゃがみ込みました。私がペニスを取り出すのを待っているのです。

なんとも気恥ずかしく感じますが、私はズボンも下着も脱ぎ、ペニスを彼女の目の前に差し出しました。

「すごい！　こんなに……」

彼女は目を輝かせながら、小さな声でつぶやきました。

若者のような硬さはありませんが、私のペニスは勃起すると鋭く上向きになります。彼女はそれを見て驚いたようです。

彼女の顔がさらにペニスへ近づいてくると、私は固唾《かたず》を呑んでそれを見守りました。

「ンンッ……」

彼女は色っぽく声を出し、ペニスに口づけを始めました。

もちろん私が、そうしてほしいと言ったわけではありません。それなのに自らペニスを舐めてくれたばかりか、口の中に呑み込んでくれました。

「おおっ」

唾液で濡れた舌が絡みついてきます。深く咥え込んでしまったペニスを、ていねいに優しく舐め回していました。

あまりの気持ちよさに、私は背筋が震えそうになりました。

私たちはただのボランティア仲間で、夫婦でもなければ恋人でもありません。たまたま二人でチラシを配布していただけなのです。

それだけの関係でしかないのに、彼女は悦んで私のペニスをしゃぶっています。

ふだんのまじめで仕事熱心な彼女しか知らない私には、とても信じられない思いでした。

「続きは私のベッドでしませんか？」

ペニスから口を離した彼女は、そう言って私を寝室へ誘いました。

寝室へついていくと、ベッドは一つしかありません。旦那さんは彼女と同じ寝室で寝るのをいやがり、自室に布団を敷いて寝ているのだそうです。

彼女のような魅力的な奥さんをもらっておきながら、もったいない話です。そこまで避けられているのなら、欲求不満になるのもうなずけます。

さっそく私は服を脱ぎ、ベッドに横になりました。すでに裸だった彼女も私のすぐ隣に添い寝をしてくれます。

今度は私から彼女の胸に顔を近づけ、乳首を口に含みました。

「あんっ……」

軽く舌で乳首をなぞっただけで、彼女は声を出して反応してくれます。

彼女の肌はやや汗ばんだ匂いがしました。四十代の人妻だけに、体からは若さよりも艶《あで》やかな色気を感じます。

愛撫をしている乳首も、次第に硬くなり大きさも変化してきました。

「ああ、早く……」

彼女が何をおねだりしているのか、その仕草でわかりました。乳首の愛撫だけでは待ちきれずに腰をもじつかせているのです。

私は最後に残っていた彼女のショーツに手をかけました。

脱がせてみると、黒い繁みが広がっています。毛深い股間には豆粒のような突起がはみ出していました。

私がその突起に指を這わせると、彼女は「ああっ!」と声を出して私の腕を握り締めました。

ひと目でわかるほど大きなクリトリスでした。これほど大きければ敏感なのもうなずけます。

「ダメなんです、そこ……すごく感じやすくて、気がつかないうちにシーツを濡らしていることもあるんです」

そう言われては、よけいに感じさせてやりたくなります。むしろそういう姿を見てほしくて、わざと口にしたのかもしれません。

クリトリスをいじりながら、股間の奥にも指を押し込んでみると、そこは熱くうるおっていました。

「ああんっ、ダメ……」

彼女は首を振っていますが、本気でいやがっているようには見えません。

ぬかるんだ穴はよく締まるうえに、入り口の部分がうごめいています。強く感じるたびに指をギュッと締めつけてきます。

こんなにも淫らで美しい女性が、私の指の動きで喘いでいることが、実にたまりませんでした。

彼女の身悶《みもだ》えが激しくなり、股間からは愛液が指を伝ってこぼれ落ちました。自分で言っていたように、シーツにシミが広がっています。

それにも気づかずに彼女は私に向かって「もっと、もっと」と言い出しました。

「さっきは、ダメって言ってたじゃないですか」

「意地悪しないで……もう、気持ちよすぎて変になりそうなんです」

すっかり彼女は我を忘れ、激しく息を喘がせています。私に何かを伝えるかのように、自分の私のペニスも彼女の手に握られていました。股間に近づけようとしています。

しかし私は彼女の気持ちを知りながら、あえてじらしつづけました。

年を取ってくると、我慢できずにすぐに抱きたくなることはありません。替わりにできるだけ相手を悦ばせ、満足を与えたい気持ちが強くなるのです。

「あっ、ああっ……お願いします。早くこれを入れてください」

とうとう彼女は、はっきりと口にしておねだりをしてきました。

膣に入れたままの私の指も、ずっと動かしつづけて疲れてきたところでした。そろそろ入れてやらなければ、彼女の我慢も限界に達してしまうでしょう。

「じゃあ、そろそろいきますよ」

そう言って指を引き抜いたところ、彼女の顔がぱっと明るくなりました。

早く抱かれたくて待ちきれなかったのでしょう。まだ避妊具もつけていないのに、そのまま私のペニスを迎え入れようとしているのです。

「待ってください。このままだと避妊ができないかもしれませんよ」

「いいんです。私も久しぶりですから、生で楽しみたくて……」

彼女の発想に驚きました。安全なセックスよりも、あえて危険でスリルのあるセックスをしようとしているのです。

私もこの年になれば、さほど精液の量も多くはないでしょう。妊娠の危険性は少ないはずです。

となれば、ここは私も一時のスリルに身をまかせていいのでは……そう思ってしまったのです。

「わかりました。あなたの言うとおりにします」

そう返事をし、私は足を開いて待ち構えている彼女の股間に、ペニスを押し当てました。

すっかり濡れてしまった穴が、ワレメの奥で息づいています。そこへ一気に突き刺してやりました。

「はぁんっ……！」

彼女の悲鳴に近い声が寝室に響きました。

ぬるりと熱い穴の奥へ、一突きで到達しました。私のペニスは根元まで呑み込まれ、みっちりと締めつけられています。

先ほど指で味わった締まり具合は、ペニスだととてつもない気持ちのよさでした。

「うっ、これはすごい！」

思わず私もそう声に出してしまいました。まだ挿入しただけなのに、体が溶けてしまいそうです。

彼女は私の下でシーツをつかみ、のけぞっています。表情は苦しそうにも見えますが、快感にひたっている顔です。

私が腰を動かすと、彼女の体も小さく波打ちはじめました。

「あっ、ああんっ。すごいっ、こんなに……」

深く突き入れるたびに、喘ぎ声もいちだんと大きくなってきます。

妻を抱くときでも、ここまで反応はしてくれません。お互いの体に慣れきってしまうと、無言で終わることも珍しくはありませんでした。

それに比べて彼女はとても敏感で、よがり具合も激しいものでした。

「いいっ、あっ、気持ちいいです、もっと！」

寝室の外にも洩れてしまいそうな声です。これほどまでに感じてくれるとは、男として自信にもつながりました。

すっかり張り切った私は、老体に鞭を打って腰を振りました。

さすがにこの年では、思ったように激しくは動けません。しかし若いころよりも冷静に、落ち着いて責めてやることができます。

何度もペニスを出し入れしていると、腰を密着させたまま、グリグリとクリトリスを刺激してやるといいことに気づきました。

「ああんっ、それ……すごくいいです」

いつの間にか彼女のシーツをつかんでいた手は、私の背中に回されていました。まるで私の体と離れたくないかのような力の入れ具合です。

こうも熱烈に悦んでもらえると、私まで彼女のことを自分の恋人だと勘違いしてしまいそうでした。

ただ、相手は年の離れた人妻です。あくまで欲求不満を解消してやるために抱いているだけです。

そう自分自身に言い聞かせていると、彼女から熱いキスまでしてもらい、思わず腰に力が入ってしまいました。

「ひっ！　いいっ、イク、イクッ」

彼女の叫び声と同時に、私にも強い快感が押し寄せてきました。絶頂に近づくと膣に力が入り、ペニスが食い締められるのです。

歯を食いしばって耐えてきましたが、もう我慢できません。彼女といっしょに私も果てることにしました。

「いいですか、私も出しますよ……」

「はい、中に……いっぱいくださいっ！」

これまで耳にしたなかで、もっとも刺激的な言葉でした。

最後に深く腰を突いたまま、動きを止めます。もはや私にためらいはありませんでした。

「ううっ……！」

久々に味わう射精は、目もくらむような刺激でした。彼女の体におおいかぶさった状態で深く息を吐き出し、しばらくは身動きもできませんでした。

私の体を受け止めていた彼女も、「ああ……」とうっとりとした声で抱きついてきます。

そうしてしばらく、私たちは抱き合ったまま余韻を味わいました。お互いに満足したこともあり、まるで夫婦のようにくっついて離れることができません。

「私、あんなに感じたの初めてです。主人とのセックスでも、あれほど乱れたことはありません……」

そうまで言ってもらえて、私も鼻が高い気持ちでした。

ところが彼女を抱いたせいで、困ったことになってしまったのです。

私はあとを引かないように、彼女との浮気も一度きりのつもりでした。彼女もそれで納得してくれるものと思っていました。

ところが私がほかの女性と共同作業を行っていると、露骨に嫉妬《しっと》の視線を送ってくるようになったのです。挙げ句の果てに、その女性に見せつけるように、わざと親しげな態度まで取ってみせるのです。

もはや彼女は、私の手には負えなくなってしまいました。このままでは、私たちまで噂になってしまうのも時間の問題です。

人の役に立てればと思って始めたボランティア活動が、まさかこんな結果になってしまうとは……。

第三章 熟練の性技に溺れ肉悦を堪能する人々

天然おバカキャラのハーフ美女と私
グラマーな肉尻を貪り背徳の不倫姦！

宮下孝雄　飲食店経営・四十六歳

小さな飲食店を二店舗経営している者です。

職業柄、年に数回パートさんの募集をかけており、しょっちゅう面接をしています。面接で技量や性分などを見抜くのは、経験のない人が想像する以上に難しく、言葉はよくないですが、ときおり「ハズレ」の人をつかんでしまうことがあります。

二カ月ほど前に面接した小島《こじま》さんが、そのカテゴリーに入る人でした。

二十六歳、アメリカ人とのハーフで、和風美人の顔立ちに青い瞳、スレンダーで背も高く、もちろん英語はペラペラ。自信をもって採用したものでした。

この女性が、使えなかったのです。

とにかく仕事を覚えられない。英語ができても片田舎の飲食では役に立ちません。素直さや従順さはあるのですが、それも仕事ができるという前提での付加価値です。

加えて、見た目は美人なのに着るものには頓着しないらしく、寝具のようなジャージだけで通勤してくるのです。私の店のユニフォームは、共通のキャップとエプロンだけでした。小島さんはズボラなジャージの上から、キャップとエプロンだけを身に着けるのです。

いまの時代、不用意にパートさんをクビにはできません。ピークタイムは邪魔なだけなので、ヒマな時間帯にだましだまし使うしかありませんでした。

「真理《まり》！　まだ総菜の準備が終わらないのか？」

入って三日目には、もう下の名前で呼び捨てで怒鳴っていました。パワハラもへったくれもありません。非常に不思議なのですが、なぜか本人は、私に目をかけてもらってると思っているフシがありました。

「店長、サラダのストックはどこですか？」

英語訛《なま》りというわけではないですが、小島さんは私を妙な発音で呼んでいました。

「そのストッカーの下段だ。何度も言っただろ。日付をまちがうなよ」

業務用冷蔵庫の前でしゃがみ込むと、ジャージのすそから背中とパンティの腰ゴムが見えていました。おバカな隙でしたが、アメリカ文化の影響もあるのかもしれないと思ったりもしました。

「真理、ちょっと気をつけろ、背中から下着が出てるぞ！」

「あはは、見ちゃダメです」

あわてたり隠したり恥ずかしがったりするそぶりがまったくないのです。

美人でラッキースケベが多いのに、アホすぎて妙な気持ちにはなりませんでした。

その気持ちに変化が訪れたのは、先日、小島さんが仕事をアップしたときでした。

エプロンの着脱だけなので更衣室はありません。

事務所兼、倉庫兼、休憩室で、エプロンとキャップを脱いで終わりです。

私はそのとき、デスクのパソコンで売り上げ管理の仕事をしていました。

「店長、お先に失礼します」

見ると、ジャージの胸元に、乳首のポッチがはっきりと浮かんでいました。仕事中はエプロンを着ているので気づかなかったのです。

「真理、大事な忠告なんだけど、言っても怒らないか？」

目を逸《そ》らして私は言いました。

「んー、怒るかどうかは聞いてから決める」

仕事ができないくせに生意気な言い方をすると思ったのを覚えています。

「そのジャージ、おっぱいの先が浮き出てるぞ」

パソコンの画面を見るフリをしながら言いました。

「えー、出てないよ」

お荷物パートが否定するので、私はいつもの強い調子で言いました。

「ほら、出てるだろうが。ここと、ここ！」

もう至近距離で、ダイレクトに二つのポッチを指差してやりました。

「おまえ、ブラジャーしないのか？」

「しない日もある。面倒だから」

深刻なセクハラ発言を、こんな自然体で口にしたのは初めてです。

「スイッチオンしてやるぞ」

両方の人差し指を胸に向けて言いました。逃げたり拒否する時間はあったはずなのに、小島さんはそうはせず、沈黙は二秒ほども続きました。

薄氷を踏む思いで、両手の指先をジャージ越しの乳首に近づけました。

「えー、店長、エッチだよ……」

二つのスイッチを軽く押すと、さすがの小島さんもちょっと不安そうに言いました。

肩をすくめ、言いようのない表情を浮かべていましたが、やはり逃げるそぶりはありませんでした。

ジャージにくっきりと浮いた乳首を、指先でコリコリとかきました。

「ちょっ……店長、なにするんですか」

少し言葉をあらためて、小島さんは弱々しく抗議してきました。

プレイボーイを気取るつもりはありませんが、女性の声がこんなトーンになったら、無理強いは禁物と判断しました。

「ごめん、ちょっと悪ふざけしちゃったな」

ごく軽い調子で謝意を口にしました。

小島さんは肩をすくめたまま返事をせず、片手をそっと胸に当て、もう片手は股間をかばうようにジャージの腰のY字に当てていました。

そうして、実にわかりやすく、はぁぁ……と湿っぽいため息をつきました。

「どうした、顔が赤いぞ？」

とぼけた口調で聞いてみました。

「もぉぉ……店長のおバカぁ」

従業員にバカと言われたのは、さりげなく初めてでした。

小島さんの様子から、まだ押せるとスケベ根性が起きました。

「真理、もう一ついいか？」

「ん？」

「ジャージのお尻にも、下着の線がくっきりと浮き出てる。どんなパンティはいてるか、いつもはっきりわかるんだぞ」

「えー、ウソだよ」

赤らめた顔に、困り果てたような苦笑いが浮かびました。

「回れ右して、お尻をこっちに突き出してみろ」

「ん」と、短い返事で即座に言われたとおりにしたので、アメリカ文化云々《うんぬん》ではなく、やはりただのおバカさんなのだと思いました。

スレンダーで美人ですが、初日からジャージで来たので、体型が異質だとすぐに気づいていました。白人女性の骨太な骨格をしているのに、肉づきはきゃしゃな日本人のそれなのです。そしてお尻が小ぶりで小さいのです。

「おまえ、お尻、小さくてかわいいなあ」

「あん、なに言ってるんですか……」

座っている私のすぐ目の前でお尻を突き出しながら、声だけはいっちょまえに非難を帯《お》びているのです。

「下着の線なんか出てないでしょ？」

内心で喉を鳴らしながら、やわらかそうなお尻を至近距離で凝視していました。

普通の感性の女性なら、成り行きから少々ふれてもトラブルにならないと思うのでしたが、なにしろ宇宙人のように不思議なおバカさんなので、慎重にいきました。

「出てるよ、ほら」

また人差し指を伸ばし、ジャージの腰にピトッと当てました。そのままパンティのラインに沿って、両脚のつけ根までなぞりました。

「こっちも」

反対側にも同じ動きをしました。かすかな体の揺れから、動揺しているのが伝わってきましたが、特に口を挟むでもなく、お尻を私の指から逃したりはしませんでした。

「パンティのお股の線まで鮮やかに出てる。これだ」

クロッチの扇形の線まで、私は左から右になぞりました。お尻の谷間に沿って、指は一度深く沈み込みました。

「真理、正直、いやがってるか？　ちょっと怒ってる？」

駆け引きをするまでもないと思ったので、直截的《ちょくせつてき》に聞きました。いやがっているなら続けるべきではありません。

「んー、どうだろ？　ちょっと……んー、わかんない」

乏《とぼ》しい語彙《ごい》で、あいまいな返事をしてきました。なおもお尻を引く様子はありませんでした。

両手を指いっぱいに広げ、小島さんのお尻に当てました。小尻なので十分包めるサイズでした。

「真理のお尻、すごくやわらかいぞ」

ジャージなので、お尻の感触がダイレクトに手のひらに伝わってきました。

「感想はどうだ？」

されていることに対してイエスかノーかを聞いたのに、小島さんは斜め上のうれしい答えを返してきました。

「んー、店長の手、大きい。それに、すごくあったかい……」

不覚にも私は、小島さんのお尻の感触に感動してしまいました。

くそまじめというわけでもありませんが、結婚以来、妻以外の女性にふれたことはありませんでした。主婦や大学生など、美人のパートさんはこれまでもいましたが、そもそも私は、言葉はよくないですが、パートさんのきれいさや愛想のよさも商品のうちという考えがあったので、性的な目を向ける対象とはならなかったのです。

その自制が、この隙だらけのおバカ美人で決壊したかたちでした。

「そうか、もっとあったかくしてやるぞ」

昂る気持ちとは反対に、私の声は自分でも驚くほど低く、猥褻《わいせつ》な響きを持っていました。

「ああん、店長の手、エッチだよぉ……」

お尻のやわらかかったこと！ いまも手のひらに、その感触が鮮やかに残っています。小ぶりなお尻なのに、ふれてみると意外なほどふくらみがあったのです。妻のたるみはじめたお尻しか知らなかったので、新鮮な驚きでした。

「このジャージ、脱がしたくなる」

お尻をもみ込みながら言いました。

「ダメだよぉ」

ゆっくり立ち上がると、小島さんの両肩に手をかけ、こちらに向かせました。

そうしてゆっくりと抱き締めました。

「ああん、なにすんだよぉ……」

弱々しく抗議の声を洩らすものの、やはり逃げるそぶりはありませんでした。

「おまえ、細いのに筋肉質だな」

バツの悪い緊張をごまかすために、私はセクハラ発言を続けました。

抱き締めたまま、背中に回した手を下げ、お尻をなで回しました。驚いたのはお尻の位置の高さでした。

妻も、結婚前につきあっていた女性も、みんな背が低かったのです。こんな高いところにあるお尻に、ほとんど童貞喪失以来の感動を覚えていました。

小島さんの両肩を手に取り、見つめ合いました。

私は手のひらをあらためて小島さんの胸に当て、そっともみました。

スリップというのでしょうか、ジャージの下は薄い肌着だけのようでした。頼りない二枚の着衣は、胸のやわらかさや大きさをなまなましく手のひらに伝えてきました。

「真理、おっぱいの先、さっきよりもコリコリしてるぞ」

ジャージの上から、指の先で乳首をかいてやると、小島さんは悩ましそうに顔を斜め下に向け、肩をすくめました。

「あん、店長のせいだよ……」

両方の乳首で遊ぶと、またお尻をなで回しました。その手を前に回し、ジャージの上から、小島さんの性器に当てました。

女性らしいデリケートなふくらみのやわらかさも、手のひらにダイレクトに伝わってきました。ですがそっと力を入れると、小島さんは大きく体を揺らしました。

「ああん！　ダメ、立てなくなる……」

私の腕をつかみ、肘を伸ばしました。力は緩いですが、はっきりと私を拒《こば》む動きでした。

二人とも少し息を荒げたまま、また見つめ合いました。潮時かなと思いましたが、そうではありませんでした。

見つめ合ったまま、私はゆっくりと顔を近づけました。

仕事のできない美人が不安そうに口を半開きにするとこんな顔になるのか、と緊張した空気の中で小さく笑いが洩れそうになったのを覚えています。

そして、小島さんと唇を重ねました。

採用を後悔し、あんなに辞めさせたかったバイトの娘とキスをしている、その事実に驚いていました。

「真理、お前、経験はあるのか？」

そっと唇を離すと、私は聞きました。

「あるよ」と小島さんは短く答えました。

事務所に近づいてくる足音が聞こえ、私たちは離れました。

「資材を取りにきました……あれ、真理ちゃん、まだいたの？」

「あ、いま帰るとこ……」

資材補充に来た主婦のパートさんでした。

その日以降、一週間は、特に何もありませんでした。小島さんは仕事でミスを繰り返し、私は怒鳴る毎日です。

大きな変化があったのは、十日ほどたったころでしょうか。

私の店は平日に定休日を設けており、その日は私と任意のパートさんでふだんできないお店の掃除をします。その日の担当は小島さんでした。

「おはよう、ございます」

いつものジャージ姿で、おかしなアクセントでお店にやってきました。

「ホールは俺がやった。倉庫の整理と棚のふき掃除をするから手伝え」

「はーい」

資材を移動し、棚卸をとり、空いたスペースをふいていきます。

おバカさんでもまじめはまじめなので、しばらくは二人とも黙々と仕事をしていました。

自分の掃除箇所が終わり、小島さんを手伝おうと同じ棚に向かいました。

「こないだ、ここで抱き合ってキスしたよな？」

狭い倉庫で二人きりなのに、声をひそめていました。

「今日もしないか？」

小島さんは返事も振り向きもしませんでしたが、ふき掃除をしている手の動きに動揺が現れていました。

「真理、この前から、お前のことばかり考えてるんだ……」

間をつなぐためのフォローのつもりでしたが、我ながら自分の声が、タチの悪いストーカーのように聞こえました。

「やばいコト、したよね」

小島さんは、小さな声で言い「ふふん」と笑いました。ほかのパートさんをイラつかせる独特の笑い方でした。

「また、したいって言ったら、どうする？」

言いながら、私はもう小島さんの肩に手を回していました。ジャージの触感がなつかしく感じました。

「……来る前から、そんなこと言ってくるような気がしてた」

仕事はできないのに、そんな気は回るんだなと思いました。

「真理！」

そう言うと、私はやや強引に小島さんを抱き寄せました。

消極的な動きのようでしたが、顔を上げた小島さんと目が合うと、彼女は背伸びをして私と唇を重ねてきました。

ジャージの上から激しく背中をまさぐると、勢いあまってその手を下にずらし、ジャージのズボンの腰ゴムを割って中にもぐり込ませました。ベルトもファスナーもないジャージなので、ほとんど無抵抗に手は入っていきました。

「ああん、店長の手、エッチ……」

ふれているパンティは官能的につややかでした。生意気にもシルクのようでした。

小島さんは気怠そうな動きで、ゆっくりと顔を上げました。

キスと同時に、私は残る手もジャージの腰ゴムから入れ、両手でお尻をなで回しました。

「真理のお尻、十日ぶりだな。なつかしいぞ」

「あん……私も、なつかしい。店長の、大きな手……」

腰ゴムを内側から両手で広げ、ゆっくりと下げていきました。

「こんなところで、脱がしちゃうの？」

「これは予想してなかったか？」

「してた」

ジャージを脱がすのに力は要りません。二人とも立ったままでしたが、太腿を過ぎると、音もなく足首まで落ちました。

「大人っぽいパンティ、はいてるじゃないか」

白のシルクで、周囲にエレガントなレースがあり、フロントには白い小さなリボンがありました。

「もしかしてと思って、いいのをはいてきた」

うれしいことを言ってくれました。

調子に乗っていると、不意に股間に刺激が走り「うっ」とうめいてしまいました。

「いやらしい。店長、カチカチになってる」

小島さんが、ズボンの上から勃起した私のペニスを握ってきたのです。

「真理、バンザイしろ」

あいまいに両手を上げた小島さんのジャージのすそをとり、私は肌着もいっしょに上に剝ぎ取りました。

「やだぁん、いきなりハダカ……」

さすがに小島さんは女性らしい羞恥の声を出し、肩をすくめて胸をかばいました。

「店長も脱いでよぉ……」

「よしっ」と意味不明の力強い声とともに、私はほとんど一瞬で上下の着衣を脱ぎ去りました。身に着けているのは靴下と靴だけでした。

「真理もパンティ、脱ごうな」

しゃがみ込んだ私は、小島さんの股間と向き合い、両手でパンティを脱がしていきました。エッチなお汁はパンティにたっぷりとにじんでおり、脱がしていくと透明な糸を引きました。小島さんも私と同じく、ソックスと靴だけの姿です。昔見たアート系の少女モノのエログラビアのようで、えらくいやらしく見えました。

私はしゃがんだまま、小島さんの剝き出しの性器に顔を寄せ、唇をつけました。

「ああんっ！　ダメ、店長……どこに口をつけてるんだよ……」

だんだんイントネーションが怪しくなり、英語訛りが強くなった気がしました。

「真理のアソコ、おいしいぞ……」

こんな変態的な言葉を口にしたのは、それこそ新婚当時以来でしょうか。

妻とのマンネリセックスでは、ついぞ経験したことのない興奮を覚えました。

私は立ち上がると、小島さんをデスクに押しやりました。デスクにお尻を半分乗せるかたちです。そのまま背をそらせ、性器を突き出させました。

「真理、入れるぞ」

「ああん、こんなの、初めて……」

アダルトビデオの古臭いコピーのようでしたが、やや非難がこもっていました。

身長差を埋めるために、私は少し脚を広げました。一方小島さんは、不安定な姿勢を支えようと、両手を広げてテーブルのフチに置いていました。

妻よりもはるかに薄めの陰毛をかき分け、私は立ったまま、ペニスの先を小島さんの性器に埋め込んでいきました。

「あああっ！　ああっ、店長……あああっ！」

説明が難しいですが、喘ぎのトーンが、どこかエキセントリックでした。遺伝的に白人女性の喘ぎ声になっているのかと思いました。

挿入の加減を図るのに、膝と踵《かかと》と脚の広げ具合、こんなに脚の力に頼ったのも初めてでした。そもそも立ってセックスすること自体、私も初体験だったのです。

「ああ、あああ……店長、太い……すごく、いい……」

顎を出し、困り果てたような顔をして、小島さんはつぶやきました。

「真理、ぼくも、すごくいいぞ。おまえ、最高だ……」

私も言いましたが、初めての妻以外の女性との、異様な状況でのセックスに感極まっていたのです。AVのような特殊で背徳的なセックスを自分がしていることに、感動すら覚えていたのです。

「店長、店長……!」

小島さんは上半身を少し起こし、私に抱きついてきました。不自然な体勢なので抱きつく力は強くありませんでした。

がに股に広げた脚を、主に膝を使って懸命にピストン運動をしました。

恥ずかしいことに、すぐに射精欲求が起きました。妻としているときはなかなか出なくなっていたのにです。

「真理、抜くぞ」

早漏だと思われたくないのと、このまま出してはもったいないという二つの思いで、私は小島さんを見つめながらペニスを抜きました。

「後ろを向いてくれ。テーブルに手をつくんだ。お尻を突き出せ」

実にゆるゆると、小島さんはそのとおりにしてくれました。

白いお尻の形は、ジャージに浮かんでいたとおりの、骨太なのに小ぶり、そして肉厚のいやらしい造形でした。

「ほら、もうちょっと腰を突き出すんだ。お尻の穴に入っちゃうぞ」

両手で小島さんの腰をとり、しっかりお尻を突き出させました。

「いくぞ……」

さらに腰を落とし、私は勃起したペニスの先を小島さんの性器に当てました。

「ああ……店長！　あああっ！」

ピストンを始めた直後は、さっきよりもやりにくいと思ったのですが、すぐに状況は変わりました。力が入らないのか、小島さんは上半身を倒し、横顔をテーブルにつけたのです。結果、お尻が持ち上がるかたちになり、ややピストン運動がやりやすくなりました。

細めに見える小島さんの腰をしっかりつかみ、私は激しく往復運動をしました。

「真理っ、おまえとこんなことになるなんてっ！」

採用当初は想像もできなかった展開に、私はほとんど叫んでいました。

「わたっ……私は、思ってたっ。なんか……こんなことになるんじゃないかって」

「なにっ、いつからだ？」

喘ぎながらの意外な回答に、私はピストンをしながら聞いていました。

「面接のときからっ！」

そのときから小島さんにそんなふうに思われていたのかと思うと、失笑の代わりに、射精のスイッチが入りました。

「真理っ、出るっ！」

「んああっ、店長っ！　ああっ、あああっ！」

小島さんはテーブルに横顔を押しつけ、絶叫していました。仕事ができないふだんは耳ざわりなだけの声が、ひどく官能的に聞こえました。

「ああん、店長……」

コトが終わると、小島さんは私に立ったまま抱きついてきました。

彼女は仕事はできませんが、このままペットとして置いておこうと思います。おバカなので、アナルセックスなどもいやがらないのではないかと、最近は悪魔のような考えまで浮かび、ニンマリしているのです。

セックスに自信のない若手社員を想い豊熟乳でご奉仕する五十路清掃員！

田中みゆき　ビル清掃員・五十五歳

長年やってきた保険勧誘の仕事をやめて清掃員になると言い出したとき、夫はあきれた顔をしました。この年になってそんな仕事やらなくていいだろうと反対したのですが、私はやる気満々でした。

五十五歳になったら外交員をやめるというのは、ずっと前から決めていたことです。子どもも作らず夫婦共働きでやってきたので、いま辞めると確かに収入はかなり減るのですが、でも口八丁手八丁の仕事に疲れていた私は、誰とも話すことなく、ただ黙々と掃除しているだけの仕事にひそかにあこがれていたのです。

夫の反対を押し切ってビルメンテナンスの会社に登録し、すぐに某オフィスビルの清掃の担当が決まりました。第二の人生のスタートに、私は張り切っていました。

もちろんそのときはまだ、あんなことが起こるなんて想像もしていませんでした。

私が清掃するビルは、十二階建てです。いろいろな企業が入っているのですが、作業を始めるのは全社退勤したあとの午後八時です。こんなご時世なので、残業する人もめったにいません。朝の始発電車の時間までにすべてのフロアを掃除します。

夜のオフィスビルはほんとうに静かです。床をモップがけしたり、ゴミ箱の中身をまとめたりしながら、私は自分のOL時代を思い返したりします。そんな時間が、私はとても気に入っていました。

ところが、思いがけない出会いがありました。まるで官能小説かエッチな漫画のような話ですが、でもほんとうにあったことなのです。

前田《まえだ》さんと知り合ったのは、清掃員になって三カ月目のことです。そのころ、珍しく毎晩のように残業している若い男性社員がいました。それが前田さんです。八階の会社の社員で、年齢はたぶん三十代前半くらいでしょうか。ちょっと弱気で頼りなさそうな感じで、母性本能をくすぐるタイプなので、きっと女性社員、特に先輩にかわいがられるんだろうな、なんて思っていました。私が勤務していた保険会社にもそんな男子がいました。

最初はお互いに軽く挨拶する程度でしたが、何度も会ううちにおしゃべりするようになりました。そして、彼に奥さんがいることや、その奥さんとうまくいってないこと、家に帰るのがいやなので自分からすすんで残業していることなどを話してくれたのです。

私自身は子どもがいないこともあって、まるで息子のようにかわいくて、悩む彼の話を聞いてあげることが、いつの間にかひそかな楽しみになりました。

そしてそのうち彼は、夜の性生活のことなども話してくれるようになりました。どうやら夫婦仲がうまくいかないのは、彼がセックスで奥さんを満足させてあげられず、それがコンプレックスになっていることが原因のようでした。

「求められるのが面倒くさいから、だから終電近くまで会社にいるんです。で、帰ったら疲れたふりして、すぐに寝ちゃうんですよね」

私のほうも、つい立ち入ったことを聞いてしまいます。

「でも、奥さんだって若いんだから、性生活がないと不満でしょう。ますます夫婦仲が悪くなっちゃうわよ」

「確かに、ふだんの会話も減ってますね。ああ、どうしたらいいんだか……」

そうやって悩む前田さんをなんとかしてあげたくて、私は毎晩のように悩み相談を受けるようになりました。

「あなただって若いんだから、性欲はあるでしょう?」

「あります、全然あります」

「奥さんだって若くてピチピチなんでしょう？　そういう気持ちにならないの？」

「正直に言いますけど……」

最初は言いにくそうにしていましたが、そのうち、ついに告白しました。

「妻はおっぱいが小さいんです、貧乳なんですよ。ぼく、そういうの、いまいちそそられなくて。妻の裸を見ると萎《な》えてしまうんです」

「あら、巨乳が好きなの？　おっぱい大きい女性がお好き？」

「ええ、まあ、そうなんです」

「ふふ、エッチねえ」

そういえば、前田さんはいつも私の胸を見ています。私は、若いときはEカップあり、いまではさすがに垂れてきたけど、全体的にやや太めになってきたせいか、おっぱいの容量も大きくなりました。

そうか、前田さんは、こういうおっぱいが好きなのか。いつもそんなエッチな目で私の体を見ていたのか。そう思うと、私も少しおかしな気分になってきました。怒るべきところかもしれませんが、子どもくらいに若い男性にそんな目で見られて、私のほうもまんざら悪い気はしなかったのです。

いいのよ、見たいだけ見て。こんなおばさんのおっぱいでよければ、たっぷり見てちょうだい。そんな気持ちにさえなりました。

それから数日後のことです。その夜、前田さんはスマホでしゃべっていました。どうやら奥さんとケンカをしているようです。いや、ケンカというよりも、彼は謝ってばかりです。

「どうしたの？」

電話のあとで尋ねてみると、やはり家に帰らずセックスを避けていることで、ついに離婚の言葉まで出てきたというのです。

「妻のことが嫌いなわけじゃないけど、どうしても体がその気になってくれないんです。このままじゃ、ほんとうに別れることになりそうで弱ってます」

「じゃあ、何がなんでもがんばるしかないじゃない」

「いや、そうなんですけどね……」

「元気出して。セックスの快感を思い出してがんばってみなさいよ」

「無理なんですよ、相手が妻だとどうしても立たなくて。べつに妻を愛してないわけじゃないのに、どうしてなんだろうな」

なんかもういまにも泣き出しそうな前田さんを見て、すっかりかわいそうになり、気がつくと彼のことを抱き締めていました。彼は椅子に腰かけているので、抱き締めると、ちょうど彼の頭が私の大きな胸に埋もれてしまいます。彼は二つのふくらみの間に顔を埋めてきました。そのしぐさが子どもみたいで、なんだか体の奥がキュンとしてしまいました。

「大丈夫よ、あなたなら、きっとうまくできるから」

我が子を元気づけるようにそう言いながら頭を「よしよし」と叩いてやると、彼はますます顔を胸の谷間にこすりつけてきます。そんなふうにされてるうちに、いままで感じたことのないような気持ちが沸いてきました。

こういうのを母性愛というのかもしれません。子どものいない私ですが、そのときはほんとうに彼のお母さんになったような気がしました。

気がつくと私は、彼の顔を撫でたり背中をさすったりしていました。この年齢になってから、そんなふうに若い男性にふれるなんて初めてでした。体の中で何かがモヤモヤするのがわかりました。すると彼は、

「すみません、なんか、我慢できなくなって」

「いいのよ、大丈夫。ほら、こんな大きな胸が好きなんでしょう。ほんとうは、大きな大きなおっぱいが好きなのよね」

「はい、そうなんです。大きなおっぱいでないと欲情しないんです」

「そう、よく言えたわね、素直でいい子ね」

「いつもあなたの胸を見ながら、ああ、いいなあって思ってました」

「うん、知ってるよ。あなた、いつも私のおっぱい見てるよね」

「気づいてたんですか。どうしても見てしまうんです、この胸」

そう言いながら顔をこすりつけてくる前田さんが、もうむしょうにかわいくてたまらなくなりました。そして、つい大胆なことを言ってしまったのです。

「ねえ、私のおっぱい、ナマで見たい？」

「え？」

「見せてあげようか？　ナマのほうがいいでしょう？」

私は作業着のボタンをはずし、ブラジャーに包まれた胸を出しました。そしてブラを上にずらしました。たっぷりとした乳房がプルンと剝き出しになりました。

「すごい！　大きい、思ったよりもずっと大きいです！」

「好きにしていいのよ」

おっぱいを揺すると、彼の鼻先や頬に乳首が当たりました。

「ああ、たまんないです、これが女の人のおっぱいですよね」

彼は両手でおっぱいをわしづかみにすると、その弾力を確かめるようにゆっくりともみ上げてきました。いままで見たこともないような嬉々《きき》とした顔をしています。なんだかぞくぞくしてしまいました。

「遠慮しないで。したいこと、全部していいよ」

「ほんとに？」

「ほんと、ほら、しゃぶりたいならしゃぶってもいいのよ」

言い終わらないうちに、彼が乳首に吸いついてきました。思わず、恥ずかしい声が洩れてしまいました。男性に乳首を吸われるなんて、何年ぶりだろう。いやらしく舌を動かされて、乳首がツンと勃起してくるのがわかりました。

ああ、私の乳首が反応してる、若い男性に舐められて硬くとがってる。そう思うと、忘れていたいやらしい気持ちが一気にせり上がってくる気がしました。

「ああ、いいわ、すごくじょうず、もっと吸って、舌で転がして」

つい口走りながら彼の頭を抱えて、左右の乳首を舐めさせました。いかにも大きなおっぱいが大好きというような、いやらしい舌づかいでした。

「ねえ、おっぱいだけでいいの？　こっちは？」

私は作業着のズボンのベルトをはずしておろして、彼の手を太ももの間に誘いました。ベージュの、いかにもおばさんがはきそうなパンティで恥ずかしかったのですが、もう我慢できませんでした。

「え、いいんですか?」

むっちりした太ももの間にもぐりこんだ彼の手は、パンティの上からアソコをなぞってきました。性器の形を確かめるように動く指に感じてしまい、熱い液がトロトロ溢れてくるのがわかりました。ああ、私ったら濡れてるんだと思いました。その感じは久しぶりでした。

「ねえ、お願い、直接さわって。いいでしょ?」

私は自分でパンティをおろしました。彼の手が直接アソコにふれてきて、濡れ具合を確かめるように割れ目やビラビラをなぞりました。

「す、すごい、ビッショリです」

「言わないで、恥ずかしいじゃない。私だって濡れるのよ。ねえ、もっと濡らして」

彼の指が熱い液をすくって、クリトリスにぬりつけようとするのがわかりました。

「あ、ちょっと痛い」

指の動きが乱暴すぎて、思わず声をあげてしまいました。

「もっとゆっくりね。指先をよく濡らして、それからクリちゃんに優しく塗るの。でもその前にクリちゃんの皮を剝いて、剝き出しにしてね。私のクリは、ちょっと埋もれてるから。いい？　ゆっくり、優しくね」

どうしてこんなこと説明しているのだろうと思いながらも、彼にはきちんと教えてあげなきゃいけないという母心のような気持ちでした。

「こ、こうですか？」

「ああ、そう、じょうずよ。それがクリトリス、そこをじっくりていねいにさわってね」

やればできる子なのだと思いました。言われたとおりに指を動かしてクリトリスを刺激してくる彼の頭をなでてあげました。

それから私は作業着のズボンとパンティを脱いで、デスクの上でM字開脚をしました。なんだか彼に全部きちんと教えてあげたくなったのです。

「ほら、よく見て。わかるでしょう？」

まるで保健体育の授業のように、性器を開きます。

「これがいまさわってたクリトリス、それから、ここがオシッコの穴、このビラビラの奥にあるのが、あなたのアレを入れる穴よ。おばさんのアソコでごめんね。でも、全部見せてあげるから、ちゃんと覚えてね。ねえ、じゃあ、クンニしてみて」

私は彼に舐めさせました。舌の動かし方を教えながら、クリトリスや尿道、ビラビラを舐めさせ、それをしながら穴に指を入れさせました。

「指はゆっくり動かすの。穴の中のどのへんがいちばん感じるか探しながら、優しくかき回すのよ。ああ、そう、じょうずよ」

最初は勝手がわからない感じだった彼も、私に言われたとおりに舌と指を動かして、だんだんうまくなってきました。そのうち私のツボをつかんだみたいで、そこばかり重点的に責めてきます。

「ああ、そう、そこ、いいよ、気持ちいい、そこ責めて」

気がついたら私はアソコを突き出すようにして彼の顔に愛液まみれの性器をグイグイ押しつけていました。

そんなふうにされたら、私ももう我慢できません。彼の舌と指だけでイカされてしまう前に、今度は彼を立たせ、ズボンの前を開きました。

「ああ、立派ね、さすが若いわねえ」

二回りも年下の男性のそれは、上を向いて直立不動でした。しかも熱くほてって湯気が出そうです。カリが大きく出っ張り、血管が浮き出ていて、ちょっと指先でふれただけでピクンと震えました。最近は夫のしなびた男性器をたまに見るくらいの私にとって、それはもうまったくの別物でした。

「こんないいモノを持ってるんだから、その気になれば奥さんをすごく悦ばせてあげられるのに、もったいないわね」

「最近は自分でばっかりしてます」

「宝の持ち腐れね。どれ、味見させてね」

鼻先をくっつけると男臭い匂いがモワッとします。それだけですっかり発情してしまった私は、舌を伸ばして味わいました。そのまま口の中にずっぽり咥え込むと、舌を動かしてしゃぶりました。口の中でドクドクと脈打っています。これがアソコに入ったらいったいどうなるんだろう？　それを想像したら愛液がますます溢れて、床に垂れてきそうでした。

またモップでふかなきゃ、なんて頭のすみでチラッと思いながら、ウラ筋やタマタマのほうまで舐め回していると、彼はハウハウというような上擦った声をあげています。ああ、かわいいなあと思うと、ますます感じさせてあげたくて、いままでやったこともないような濃厚おしゃぶりをしていました。

考えてみれば、夫は私が何をしても、そんなに喜んでくれたことはありません。あまり反応がないから、きっとセックスレスになるのも早かったんだなと、いまになって気づきました。

「すごいです、うちの奥さん、こんなことしてくれません」

「あなたがたくさん気持ちよくしてあげたら、きっと奥さんもしてくれると思うわよ。だってセックスって、お互いに相手を気持ちよくしてあげるものだから」

なんだか自分で自分に言い聞かせているような気がしました。

「気持ちいい？　私のおフェラ、感じる？」

「感じます、こんなに気持ちいいの初めてです」

「先っぽからいっぱいオツユ垂れてるね。ほんとに感じてるんだね。うれしい、こんなおばさんのお口でこんなにオツユ垂らしてくれて。全部舐めちゃう」

唇をすぼめて、その液を吸いました。甘い味がするような気がしました。彼も素直だし、彼のモノも素直です。私はすっかりうれしくなりました。

「ねえ、これを私の中に入れたい？　アソコに挿入したい？」

「は、はい、入れたいです」

「じゃあ、いい？　これは浮気じゃない。授業みたいなものよ。あなたたち夫婦のために、私があなたにセックスを教えてあげてるの。わかった？　帰ったら、ちゃんと奥さんともセックスするって約束してね」

「はい、わかりました」

私は彼を椅子に座らせました。若々しいペニスが上を向いて誇らしげに立っていま
す。私は彼の下半身を跨《また》ぐと、それをつかみ、そのまま対面座位で挿入しました。

こんなに大きなモノが入るのかなと思いましたが、たっぷり濡れてるそこは一気に呑み込んでしまいました。先端が奥のいちばんいいところに当たっています。夫には申し訳ないけど、夫のアレではそこまで届きません。私はしばらくじっとして、若いペニスを味わいました。

でも彼には、そんな余裕はなかったようです。私のおっぱいの間に顔を埋め、その弾力を味わいながら、ムッチリした私の体を抱きかかえるようにして上下に動かしました。大きくて硬い性器が、私の熱いアソコに出たり入ったりしています。その感触に全身鳥肌が立ちそうでした。

私はいま、息子ほど年の離れた男とセックスしている、若い男が私の体にしがみつきながら性器を出し入れしている。そう思うと、すごく猥褻な気分になって、彼の顔をおっぱいではさみ込んだり、顔を持ち上げてディープキスして舌をからめたりしました。彼のことをほんとうにいとおしいと思いました。

「いいわよ、すごくいい。あなたのセックス、すごく感じる」

「ほんとですか、そんなに気持ちいいですか？　おばさんのおっぱいも最高です。こ

んな巨乳、初めてです。ぼく、幸せです」

グイグイとお尻を揺さぶると、彼は情けない声をあげてしがみついてきました。かわいい。私のアソコで感じてるんだ。そう思うと、私のほうもどんどん気持ちよくなっていきました。何年ぶりかで味わう快感でした。

お互いの舌を吸い合いながら、私は激しく腰を動かしました。彼は彼で、私の大きなお尻を抱えて揺さぶってきました。お互いに欲望のままに快感をむさぼっているみたいで、すごく興奮してしまいました。

「あなたの、すごい、私、おかしくなっちゃう」

「おばさんの体もすごいです。このおっぱい、ほんと、最高です」

お互いに言いたいこと言いながら感じまくっているうちに、なんだかすごい快感の波がやってきました。

「ああ、私、イキそう。ねえ、イっちゃうよ。あなたにイカされちゃうよ」

「ほんとに？　うれしいです、ぼくでイってください。ぼくもいっしょにイキます」

何度も言い合いながら、二人同時に昇っていきました。彼にセックスを教えながら、私自身もセックスの気持ちよさを思い出していきました。この感触、この気持ちよさ、私もこれが大好きだったんだなと思いながら、彼のモノをアソコでギュッと締め上げました。

「ああ、もうだめ……ぼくイキます！」

「いいよ、中に出して……いっぱい流し込んで！」

二人同時に、長い長い声をあげながら達してしまいました。アソコの奥にドピュッと熱いものが噴き出すのを感じながら、私もイってしまったのです。

終わったあとは、お互いにちょっと恥ずかしくて、しばらく目が見れませんでした。でも最後は熱烈なキスをしました。

「自信持ってね。あなたなら、きっと奥さんのことも満足させてあげられるから」

彼は私の前で、初めて晴れやかな顔をしました。

信じられないことが起こったあの夜以来、彼が残業で残っていることはありません。きっと毎晩早く帰って、奥さんを抱いてるんだろうなって思います。だとしたら、私もうれしい。彼が幸せになってくれたらいいなと思います。

そんなことを思いながらも、いまでも八階の清掃を始めるときには、彼が残業してないかなと期待しながら、オフィスのドアを開いている私です。

スポーツジムで出会った美熟女を誘い酔った勢いで互いの身体を刺激し……

菅野雄三　無職・六十五歳

六十五歳で定年退職した私は、現在は貯金と年金で悠々自適《ゆうゆうじてき》の生活です。でも、家には妻と息子夫婦と孫がいて、ゴロゴロしていると邪魔者扱いされるんです。

現役時代は仕事一筋だった私には、趣味と呼べるようなものは何もありませんし、仕事と関係なしに会ったりする友人もいません。

とにかく、何か外で時間をつぶすことはできないかと思っていたとき、郵便受けにスポーツクラブのチラシが入っていたんです。

そのスポーツクラブは、平日の十時から十七時までだけ利用可能なデイ会員という制度があり、それだと会費が安く、おまけに六十歳以上はシニア割引というのがあり、かなりお得なんです。

どうせ暇つぶしに通うだけですから、安いに超したことはありません。さっそく入会してみたところ、会員には中年の女性が多いんです。

平日の昼間にスポーツクラブに通えるのは、定年退職した老人か、暇な主婦ぐらいでしょうから、それも当然です。

だけど、中年の主婦といっても、四十代ぐらいで、私から見たらピチピチの女の子です。おまけにみんな適度な脂肪を身にまとっているので、スポーツウェアがほんとうにピチピチなんです。

こいつは目の保養になるな、ますます若返ってしまうかもしれないぞ、なんて思いながら私はジム通いを続けました。

ジムではルームランナーのようなマシーンを使って歩いたり、たまにプールで泳いでみたりといった感じでした。まあ、暇つぶしだから、そんな程度でいいと思っていたんです。

だけど施設の中をぶらぶらしていると、しょっちゅう顔を合わせる女性がいて、いつしか挨拶を交わすようになりました。

その女性は伊藤絢香《いとうあやか》さんといって、四十代前半ぐらいの主婦で、高校生の娘さんがいるということでした。

なぜだか私たちは気が合い、絢香さんに誘われるまま、いっしょにエアロビやヨガなどを受講するようになりました。

絢香さんはいつもスパッツをはいているのですが、お尻が大きくてすごくエロいんです。ヨガ教室で絢香さんの後ろに座ってしまったときなどは、目のやり場に困ってしまったほどでした。

そんな絢香さんはかなりの話し好きなので、運動したあと、ジムの中のカフェスペースでお茶をしながら、あれこれと話をするのが習慣になりました。

私としては運動のあとはビールが飲みたかったのですが、そこはアルコールは置いてなかったので、いつも我慢していたんです。

だけど、ある日、「じゃあ、シャワーを浴びたあと、またカフェに集合ね」と言う絢香さんを、思いきって飲み屋に誘ってみたんです。

実は新しい居酒屋が近所でオープンし、ハッピーアワーと称して、十九時までならビール一杯、百円で飲めるという張り紙を、ジムに来る途中に見てしまったんです。

そのことを伝えると、絢香さんは「いいですね。百円って缶ジュースよりも安いじゃないですか」と、よろこんでついてきました。

お酒が入ると、さらに二人の距離は一気に縮まりました。

絢香さんはけっこういける口みたいで、クイクイとビールを飲み、すぐにほんのりと頬を赤くさせました。その様子はほんとうに色っぽくてかわいくて。なんだか照れくさくて、私もついビールが進んでしまうのでした。

そして、まだ明るいうちからほろ酔い加減になっていると、話は徐々に込み入った内容になっていったんです。

「スポーツクラブに通いはじめた動機は、モヤモヤした思いを発散したかったからなんです。正直言うと、夫とはもう全然ないんです。菅野《すがの》さんはお元気そうだから、いまでも奥さんを愉しませてあげてるんでしょ？」

テーブルに頬杖をついて、うるんだ瞳で上目づかいに私の顔を見つめながら、そんなことをたずねるんです。

私は思わず生唾を飲み込んでしまいました。妻と結婚して三十六年。いままで一度も浮気をしたことはありませんでした。

今後も妻以外の女性の体にふれることはないまま死んでいくんだろうと思っていた私には、刺激的すぎる状況です。

もちろん好意は持っていましたが、親子ほど年齢が離れていましたし、絢香さんとそういう関係になれるとは期待したこともありませんでした。

だけど、もしもそのチャンスがあるのなら、チャレンジしないと残りの人生を後悔とともに生きていくことになってしまうと思い、私は思いきって言ってみたんです。

「いや、元気は元気だけど、妻相手にはもうそんな気分にはならないよ。でも、絢香さんが相手なら……」

「私が相手なら？」

そうたずねて、じっと見つめてくるんです。

「絶対に愉しませてあげられると思うよ」

「ふーん。そうなんだぁ。じゃあ、お願いしようかしら……」

妖艶《ようえん》な笑みを浮かべながらそんなことを言うんです。私は伝票をつかんで立ち上がりました。

「よし、行こう！」

そして店を出た私たちは、駅のほうへ向かいました。会社員時代、いつも出勤途中に横目で見ていたラブホテルがあるんです。

そこは昼間は割引価格だと看板に書かれているのですが、昼間っからセックスをするやつは最低だと、毎朝その前を通りながら腹を立てていたものでした。

でもそれはきっと、うらやましかったからだと思うんです。だから、私は迷わず絢香さんをそのラブホへと連れ込んだのでした。

部屋に入るとすぐに、私は絢香さんを抱き締めてキスをしました。

やわらかな唇の感触がたまらないんです。それに、肉感的な絢香さんの体から立ち上る雌臭というのでしょうか。久しぶりにかぐその匂いに、クラクラしてしまうほどでした。

私はキスをしながら絢香さんのお尻をなで回し、スカートをたくし上げていきました。そしてパンティの中に手を入れたんです。

そこはもう熱くうるおっていて、指が簡単に割れ目の奥にすべり込んでしまいました。

「はああっ。ダメです、菅野さん。先にシャワーを浴びさせてください」

「なに言ってるんだよ？ そんなのジムで浴びてきたじゃないか」

私は構わず指を小刻みに動かしました。すると、クチュクチュといやらしい音が洩れてくるんです。

「ほら、もうこんな音がしちゃってるよ」

「あぁん、ダメ。恥ずかしい……あああん……」

体に力が入らないのか、絢香さんがしなだれかかってきたので、そのままもつれ合うようにしてベッドに倒れ込みました。

「絢香さんの裸を見せてくれ」

私は絢香さんのTシャツとスカートを脱がしました。ブラジャーとパンティだけという姿になった絢香さんは、両手で胸を隠し、内腿をピタリと閉じているんです。

「あぁん、太ってるから恥ずかしいです。そんなに見ないでください」

「いいじゃないか。見せてくれよ。いつもジムで鍛えてるんだから大丈夫だよ」

私は適当なことを言いながら、絢香さんのブラジャーとパンティを脱がしました。

「さあ、手をどけて」

恥ずかしそうに顔をそむけながらも、絢香さんは言われたとおり手をどけてくれました。大きな乳房と、薄めの陰毛が生えた股間が丸見えです。

「すごくきれいだよ。それに、すごくエッチだ、この体つき……」

全身に適度に脂肪がついたふくよかな女体はほんとうにきれいで、それに卑猥なんです。私の股間がムズムズしはじめました。

「私だけが裸だなんて不公平です……菅野さんの裸も見せてください」

「いいよ。これでどうだい？」

私はベッドの上に立ち上がり、服をすべて脱ぎ捨てました。自分でも信じられないことでしたが、その股間にはペニスがそそり立っているんです。

最近ではこんなに元気になることなど、めったにありません。絢香さんをホテルに連れ込んだときも、ちゃんと勃起するだろうかと不安に思っていたのですが、絢香さんとキスをして唾液を交換し合い、その肉感的な女体をじっくり眺めたいま、まるで二十代のころのように力強く勃起しているのでした。

「すごいわ。はあぁ……」

ため息を洩らし、もっとよく見たいというふうに、絢香さんは体を起こしました。すると、仁王立ちした私の股間のすぐ近くに絢香さんの顔がくるんです。荒くなった鼻息が亀頭の裏あたりにかかり、その些細な刺激に、ペニスがピクンピクンとひとりでに動いてしまうのでした。

「さわってもいいですか？」

そう言い終わるときには、絢香さんはもう私のペニスを右手でつかんでいました。ひんやりと冷たい手の感触が、すごく気持ちいいんです。

「ううっ……」

私は思わずうめき声を洩らし、両拳をきつく握りしめました。するとペニスが絢香さんの手の中でまた、ビクンと暴れるんです。

「あぁ、ドクドクしてる……すごく熱くて、すごく硬くて……はぁぁ……」

絢香さんはうっとりした表情を浮かべながら、愛おしそうにペニスをしごきはじめました。ご主人とはずっとご無沙汰ということでしたが、かなり欲求不満が溜まっていたようです。

「しゃぶりたいだろ？　いいよ。遠慮しないで、エロい女になっちゃえよ」

「はぁぁん……じゃあ、お口でしてあげますね。はぁうぐ……」

絢香さんは大きく口を開けて、パンパンにふくらんだ亀頭を口に含みました。そして、温かな口の中の粘膜でヌルヌルと締めつけながら、首を前後に動かすんです。

「ああ、絢香さん……ううう……気持ちいいよ……」

私は仁王立ちしたまま、股間を突き出しつづけました。

「ああん……すごく大きいから苦しいわ」

絢香さんはいったんペニスを口から出すと、上目づかいに私を見上げながら、亀頭をペロペロと舐め回しつづけました。まるでアイスキャンディでも舐めているかのようなその舐め方は、すごくいやらしいんです。

いつもスポーツジムで顔を合わせていた美しい人妻が、そうやっておいしそうに自分のペニスを舐めている様子は卑猥すぎて、肉体に受ける快感が何倍にもなっていました。

「あぁぁ、絢香さん……その舐め方、すごくエロいよ。ああ、たまらないよ」

「じゃあ、こういうのはどうですか?」

そう言うと絢香さんは、今度はカリクビのところを舌先でくすぐるように舐めたり、根元から先端にかけての裏筋につーっと舌先をすべらせたり、いろんな舐め方をして私を愉しませてくれるんです。

だけど、もともとラブホに来たのは、絢香さんを愉しませてあげるためだったのです。そのことを思い出した私は、絢香さんの手の中からペニスを引き抜きました。

「あああぁん、どうしてやめさせるんですか?」

おもちゃを奪われた子どものように不満げに言う絢香さんに、私はおおい被さっていきました。

「今度はぼくが、絢香さんを気持ちよくしてあげるよ」

そして、ベッドにあおむけに倒れた絢香さんの乳房を優しくもみはじめました。それはほんとうにかなりのボリュームで、しかも弾力とやわらかさがたまらないんです。

さらにそうやってもんでいると、手のひらに硬いものがふれるんです。それは乳首です。絢香さんの乳首は少し大きめなんですが、それがビンビンに勃起しているんです。私はその乳首を指でつまみ、グリグリと刺激してあげました。

「あっはああん……それ……気持ちいいです……はあああん……」

乳首はかなり感じるようです。そこで私は、今度は乳首に食らいつき、赤ん坊のようにチューチュー吸ってあげました。

「はあぁぁぁん……」

絢香さんは私の後頭部に腕を回して、きつく抱き締めるんです。顔がやわらかい乳房に押しつけられ、窒息しそうになるのですが、それがまたすごく幸せな気分なんです。

そして、その幸せを感じながら、乳首を軽く嚙んであげたんです。そのとたん、絢香さんは悩ましい声を張りあげて体をのけぞらせました。

「あっはあああん……気持ちいい……あああああん、菅野さん、すごく気持ちいいです。はあああん……」

絢香さんはかなり感度がいいようです。それなら……と私は乳首を舐めながら、彼女の股間に手を伸ばしました。

そこはもう大量の愛液が溢れていたので、割れ目をぬるんと指がすべり抜け、その奥のぬかるみに簡単に突き刺さってしまいました。

「あっはああん！　だ、ダメ、ダメ、ダメ！」

感じすぎてしまうのか、絢香さんは私の手首をつかみ、股を強く閉じました。

だけど指はもう膣に埋まった状態だったので、そのまま小刻みに動かしてあげると、ピチャピチャと音がして、絢香さんの抵抗も徐々に弱まっていきました。

そして、手首はつかんだままでしたが、私がさわりやすいようにと、絢香さんの股がゆっくりと開いていくんです。

「すごい濡れ方だね」

「あああぁん、恥ずかしいです」

「いいじゃないか。ぼくのペニスをしゃぶりながらこんなに濡らしてくれてたなんて感激だよ。いったいどうなってるのか、よく見せてくれ」

私は絢香さんの足下に移動し、彼女の膝の裏に手を添えてグイッと押しつけました。まるで、オムツを替えてもらう赤ん坊のような無防備なポーズです。そして、私の目の前には、絢香さんの恥ずかしい場所が剝き出しになっているんです。

「ううう……すごくきれいだよ……」

私は絢香さんの陰部を食い入るように見つめました。愛液にまみれた小陰唇が分厚く充血していて、すごくエロいんです。しかもそれが、ヨガ教室などで欲情していた相手の陰部だと思うともう……。

私はそれ以上卑猥な言葉で冷やかしたり、愛撫をじらしたりすることなど思いつかず、若造のように絢香さんの陰部に食らいついてしまいました。

そして割れ目の間をベロベロ舐め回し、膣口から直接愛液をすすり、最後にクリトリスへの愛撫に移行しました。

乳首が大きめなのと同じように、絢香さんはクリトリスも大きいんです。それを吸い、舌先で転がすようにして舐め回してあげると、もともと感度のいい絢香さんは悩ましい声をあげながら体をのたうたせました。

「はあんっ……いっ、いや、ダメッ……あああん！　も……もうやめてください！　あああん、おかしく……おかしくなっちゃう！」

やめてと言われて、やめるわけにはいきません。私はクリトリスをしゃぶりながら、今度は指で膣をほじくってあげました。

絢香さんの膣肉が指をきつく締めつけてくるのですが、その狭い肉穴に指を出し入れしてあげると、すぐに大量の愛液が断続的にピュッ、ピュッと噴き出すんです。

「潮だ……絢香さんのオマ○コが潮を噴いてるよ」

「あああん、いや……こんなの……こんなの初めてです。あああああん……もう……もうダメ……ほんとうにダメ……あああん、イクイクイク……はあぁ、イッちゃう！」

さらに私が、クリトリスを吸いながら膣壁を指先でこすりつづけると、絢香さんはそう絶叫して体を硬直させました。そして、まるで失神したかのように、ぐったりと全身を弛緩《しかん》させたのでした。

「イッたんだね？」

顔を潮でビチョビチョにしながら私はたずねました。絢香さんは大きな胸をゆるやかに上下させながら、まるで百メートル走を終えた直後のように苦しげな呼吸をしているんです。

その様子を見おろしながら、私は彼女の股間に、はち切れそうになっているペニスの先端を押しつけました。

「え？」

不意に正気を取り戻したように絢香さんが目を開きました。私は鼻の頭がふれ合いそうなほど近くで、彼女を見つめながら言いました。

「今度は、ぼくのペニスでイカせてあげるよ」

そして、六十代とは思えないほど力をみなぎらせているペニスを、ゆっくりと彼女の中に押し込んでいきました。

「ああん……入ってくる……菅野さんのものが奥まで入ってくるぅ……」

絢香さんは下からきつくしがみつき、私の背中に爪を立てるんです。その痛みが、彼女が受けている快感の強烈さを感じさせてくれて、私はますます興奮してしまうのでした。

「ううう……絢香さんのオマ〇コ、すごく狭くて、ヌルヌルしてて、最高に気持ちいいよ。あああ……」

私は根元までペニスを挿入してしまうと、今度はゆっくりと引き抜いていきました。そして完全に抜けきる手前で止めて、また奥まですべり込ませました。

その動きを何度も繰り返し、徐々に腰の動きを激しくしていったんです。

「あぁ、菅野さん、気持ちいい……すごく気持ちいいです。はあああん……」

妻以外の女性とセックスするのが、ずっと夢でした。その相手が、こんなにかわいい人妻だということが、うれしくてたまりません。そのうれしさは、私の腰の動きをどんどん激しくさせていくんです。

二人の体がぶつかり合い、パンパンパン……と手拍子のような音が部屋の中に響きます。もっと力をセーブしないとすぐに限界がきてしまう。そう思いながらも、私は力いっぱい絢香さんの膣奥を突き上げてしまうんです。

そして私の限界が訪れました。体の奥のほうから、熱い衝動がズンズンと突き上げてくるんです。

「ああ、もう……もうイキそうだ。ううぅっ……」

私がそう言うと、絢香さんも切なげな声を出しました。

「私も……あああっ……私ももうイキそうです。あああん……」

「それならいっしょに……いっしょにイこう！　ううう！　あああ、もう……もう出る！」

「はあああん……イク……イクイクイク……あっはあああん！」

絢香さんの全身が硬直し、膣壁がきつくペニスを締めつけました。その狭い膣からペニスをジュボッと引き抜いたとたん、私は勢いよく射精したのでした。

生まれて初めてした浮気は、最高の体験でした。

あまりにもがんばりすぎたために、翌日は全身筋肉痛でまともに歩けないほどでした。それを見た妻があきれたように言うんです。

「年寄りの冷や水よ。スポーツクラブなんか辞めたら？」

それに対して「絶対に辞めるもんか！」と、ムキになって言い返してしまった私なのでした。

可愛い嫁を放置する息子に代わって女盛りのボディを味わう心優しい義父

桐島康徳　無職・六十八歳

五年前に女房に先立たれたときは、私は失意のどん底におりました。もう少しで定年だ。その後は何をしようかなんて二人で楽しみにしていたころだっただけに、ガクッと力が抜けてしまいました。

その三年後に一人息子が結婚したときには、この先ずっと一人ぼっちなんだなと覚悟を決めていました。

ところが思いがけず、息子は同居をしてくれると言ってくれたのです。息子は現在三十二歳、嫁は二十九歳です。いまどき若い夫婦が同居など、頼んでもなかなかしてくれるものではありません。

「そんなに気を遣ってもらわなくたって、一人でもやっていけるぞ」

うれしい反面、負担をかけるのもすまないと思い強がって言ったのですが、驚いたことに、嫁の優香《ゆうか》さんのほうが同居に前向きだというのです。

彼女は、早いうちにご両親を亡くして親戚の家で育ったそうですが、現在はその親戚とも音信不通です。

さびしさを知る彼女だけに、家族の絆《きずな》を大切に考えてくれたのかもしれません。

それだけでもありがたいのに、昨年には孫まで生んでくれて、我が家もだんだんと賑《にぎ》やかになってきました。息子たちのおかげで、女房を亡くした悲しみも、ようやく薄れてきたところです。

優香さんを初めて紹介されたとき、なんてかわいらしい娘だろうと思いました。色白でふっくらとした頬が印象的でした。

若いころからの苦労はいかばかりかと思われましたが、卑屈な様子はまるでありませんでした。むしろ苦労知らずのお嬢様に見えるほど上品で、息子の後ろでそっとはにかんでいるおくゆかしさがありました。

いっしょに暮らしてからも彼女の印象は変わらず、息子にはもったいないくらいによく出来た嫁です。

せっかくそんなに気立てのよい嫁が来てくれたというのに、最初のころはとまどってしまい、なかなか打ち解けて話すこともできませんでした。

娘を持ったことがないせいで、若い女性の扱いがわからなかったのです。ついつい素っ気ない態度を取ってしまう私に、彼女はイヤな顔も見せず、いつも微笑みかけてくれていました。

彼女との距離が急速に縮まったのは、孫が生まれてからです。かわいくて手を出さずにはいられなかったし、彼女のほうも初めての子育てにとまどいながら、経験のある私を頼りにしてくれていました。そうは言っても、息子のときは女房に任せっきりだったので、ろくに知識もありません。

それでも頼られているのがうれしくて、オムツだミルクだと買い出しに走り、育児書などにも目を通していました。

あまりのジジ馬鹿ぶりを息子が笑うと、優香さんはそのときばかりはムキになってたしなめていました。

「あなたが仕事で遅くなっても大丈夫なのは、お義父さんがいてくれるからなのよ」

息子は、子どもが生まれてからというもの、日に日に帰りが遅くなっていました。

息子のほうこそ、私が子育てを手伝うことに頼りきっているようでしたが、自分も若いころはそんなだったから、責める気になれませんでした。

男で三十代といえば伸び盛りですし、主役の座を赤ん坊に取られてしまい、ときにはすねた気分になって寄り道などをするものです。

それは、私にとって好都合でした。もしも出番がなくなったら、隠居《いんきょ》して持て余した時間をどう使ってよいものか見当もつきません。

あの晩も、息子は帰りが遅く、夜泣きをする赤ん坊の声が止まなかったので、哺乳瓶にミルクを作り、二階にある息子夫婦の寝室を訪れました。何度か、そうして喜ばれたことがあったのです。

「まったく。あいつはまだ帰ってこないのか。どれ、少し手伝おうか？」

優香さんもさすがに寝不足続きで疲れた顔をしていたので、風呂に入って休むように言いました。

ベッドに腰かけ、抱えた孫にミルクを吸わせていると、間もなく風呂から上がった彼女が、パジャマ姿で部屋に戻ってきました。

「お義父さん、いつもすみません。なんか私、甘えすぎですよね」

私の傍《かたわら》に座ってつぶやいた彼女の声に、だんだんと親しみの色が濃くなっているのを感じました。

「それでいいんだって。もう、実の娘だと思っているからね。ダメかい？」

そんなふうに言っておきながら、照れてしまったのは私のほうでした。とっさに、ほてった顔をそむけたのですが、彼女がぴったり体を寄せてきました。

「まあ、うれしい。父親ってこんなにいいものなんですね。私、ファザコンかも」

おどけたように言いながら、さらに体を密着させて、もたれかかってきました。

彼女の体が揺れると、腕のあたりに柔らかな感触が伝わってきて、シャンプーの香りに鼻先をくすぐられました。

赤ん坊を揺すっている間、彼女は幼いころに親戚の家でのけ者にされたことや、そのときのさびしかった思いなどをぽつぽつと語ってくれました。

「そうかい、つらかったんだね。じゃあ、そのときのぶんまで甘えたらいいよ」

赤ん坊と三人で家にいることには慣れていましたが、そんなに近づいたのは初めてだったので、年がいもなくドキドキしていました。

女房を亡くしてからというもの、遊ぶ元気もなくなっていたので、女の肌にふれたのは久しぶりでした。たとえ女遊びをしていたとしても、二十代の若い女とは無縁だったことでしょう。

ちらりと横目で盗み見た胸元の肌が、まぶしいほどに艶々と光っていました。もともとふっくらとしていた彼女ですが、子どもを生んでからはなおのこと、はちきれんばかりに丸みを帯びて女らしい体つきになっていました。

我ながら、まだスケベ心が失われていなかったことに感心しました。娘だなんて言いながら、おかしな気分になりかけていたのです。

「さびしい思いをさせて、仕事にかまけている息子を見放されても困るからな」

あえて息子の名前を出すことで、自制しようとしていました。

そんなことに気を取られていたせいか、腕の中の赤ん坊がむずがりはじめました。

「あら。せっかくミルクを飲ませてもらったのに。やっぱりおっぱいが欲しいのね」

そう言って私の腕から赤ん坊を引き取った彼女は、おもむろに乳房を出して与えはじめました。何度か見かけた光景ではあるものの、まじまじ見たのは初めてでした。

そういうとき、彼女はいつも背を向けていましたし、私のほうも見てはいけないものと思って距離を置いて遠慮していたのです。

豊かな乳房を目《ま》の当たりにしてドギマギしましたが、変に意識しすぎるのもおかしいと思い、しばらくその胸もとを眺めていました。

泣き止んだ赤ん坊が無邪気に吸いつく乳首は、プックリと大きくふくらんでいて、あらぬ想像をかき立てられました。

吸いつくのが赤ん坊でなかったら、すぐに感じてしまいそうな乳首だな。そんなふうに考えていると、股間がむくっと熱くなってきました。

見ているだけでも幸福な気分になり、できることなら時間が止まってほしいとさえ思いました。時計を見ると終電近くになっていて、息子の帰宅が迫っていました。

「泣き止んだね。さてと、ジイジも寝るとするか。また明日な」

未練たらしく赤ん坊の頰をなでてから立ち上がると、ちょうど玄関のかぎを開ける音が聞こえてきました。

一階にある寝室に引き揚げてもなお、目に焼きついたまぶしい乳房と、腕にあたった肌の感触が消えずに悶々としていました。

やはり二十代の素肌は違うもんだなと嚙みしめるように思い返しながら、息子を心底うらやましく思いました。あんなにイイ女を、いつでも好きなときに抱けるんだなと、あたりまえのことをいまさらながら想像したのです。

そうするうちに寝つけなくなってしまい、昔隠したポルノ雑誌を引っぱり出してみましたが、どれを見てもそれほど興奮しませんでした。

若い女なら誰でもいいわけじゃありません。優香さんの上品なたたずまいや、白い頰に残る少女の面影や、それと同居する母性などが相まって、私を魅了したのです。

実際、二十九歳というのは、子どもすぎず大人すぎず、絶妙な色気を漂わせる年ごろなのだと思います。

久しぶりに硬くなった逸物を握り締めながら、いつの間にか眠りに落ちていました。

翌朝は、ふらちなことを考えたせいで、息子の顔も彼女の顔もまともに見ることができませんでした。ところが彼女のほうは、それまで以上に親し気にそばに寄ってくるのです。

「昨夜は昔話なんてしちゃって、すみませんでした。娘だって言われてうれしくて」

どうやら、身の上話をしたことで、さらに距離を縮めてくれたようでした。

息子を送り出した彼女が掃除や洗濯に追われている間、先に掃除を終えた居間に昼寝マットを敷いて、孫をあやしながら寝転ぶのが日課でした。

その日は前夜の寝不足がたたり、孫の横でいつの間にかウトウトしていました。

夢うつつに聴こえてきた優しい子守唄に心地よさを覚えながら目を開けると、枕もとに優香さんが座っていて、じっと私の顔を見おろしていました。

「あ、起こしちゃった。寝顔がそっくりだなって思って、見ていたんです」

いつの間にか自分の腹の上にも、タオルケットがかけられていました。

「いや、すまない。子守りをしながらいっしょに寝てしまうなんて、役立たずだな」

マヌケな寝顔を見られていたかと思うと恥ずかしくなり、あわてて起き上がろうとしましたが、「そのままで」と制されました。

「お義父さんまで寝不足にさせちゃって、すみません。どうぞ、ゆっくり休んで」

ブラウスのボタンが二つ目まで開いていて、屈んだ胸元から、大きな乳房の谷間が見えていました。ずり上がったスカートからは、生白い太ももが、むっちりとのぞいていました。夜に抱いた淫らな妄想の対象が、目の前に差し出されていたので、思わず唾を飲みました。

「もう用事はすんだかい？　きみも寝不足だろう？　ちょっと昼寝をしたらどうだ」

スヤスヤ寝ている赤ん坊の頭をなでながら、ごまかすように言いました。

すると彼女は「じゃあ、お言葉に甘えて」と笑顔を向けながら、私の背後に回り込んできました。

何をするのかと思ったら、私の背中にピッタリ体をくっつけて横になったのです。

「私も、お義父さんの隣で寝てみたかったんです。少し、こうしていていいですか？」

背中で押しつぶされる乳房の感触を受けて、体じゅうがムズムズしました。

「かまわないよ。こんなにかわいい二人の添い寝をできるなんて、ぼくは幸せ者だね」

そう言うと、彼女は背後から抱きついてきました。

「逞しくて大きな背中……私の、ほんとうのお義父さんなんですね……」

実の娘みたいに思っているという一言が、それほどまでに彼女を喜ばせるものだとは思いませんでした。もちろん、ほんとうにそう思っていましたが、彼女がそんなふうになついてくれればくるほど、男としての欲求も抑えきれなくなってきました。

「息子の……旦那の背中とは違うのか？　夫婦でこんなふうに寝たりするだろう？」

彼女は少しためらってから、さびしそうに答えました。

「あの人、最近は子どもの泣き声がうるさいからって、ソファで寝てしまうんです」

仕事に追われて、寝不足を補おうとする息子の気持ちもわからないではありません。けれど、この歳になって初めて、若い母親の孤独というものをわかった気がしました。

もしも女房が生きていたなら、もっと彼女に寄り添ってやったに違いありません。家族運のない彼女が不憫《ふびん》に思えてなりませんでした。

「よーし。今日は息子の代わりに、ぼくがうんとかわいがってやろう」

そう言って寝返りを打つと、唇がふれ合ってしまいそうなほど間近に迫っていました。まずい！　と、あわてて顔をそむけようとしたとき、彼女が唇を重ねてきたのです。

驚きましたが、それ以上に、柔らかく湿った唇の感触に気を取られていました。彼女の唇って、こんなに柔らかかったっけ？　と、遥か昔の記憶をたどりながら一心不乱に吸いついていました。

やがて、彼女の唇が徐々に開いて、温かな舌先が押し入ってきました。私も舌を伸ばして絡みつけ、彼女の口の中じゅうを舐め回しました。

しだいに彼女は体をクネクネさせながら、「アン、アン」と、かわいい喘ぎ声を洩らしはじめたのです。

同じベッドで寝なくなった夫婦の関係が、少しずつ冷えているのは容易に想像できましたし、女盛りの彼女の体がそういった欲求を持て余してしまっても仕方がないように思えました。世の中に溢れる不倫というのが男のせいであることがわかりました。

これ以上深入りしてはいけないと思いながらも、自分が拒絶したら、彼女はよその男に走ってしまうかもしれないという考えが頭をよぎりました。

その考えは、制御不能になった自分の欲求を正当化するのに十分でした。

それに、相手に困らないであろう彼女が、年寄りの自分を選んでくれたということが、うれしくて仕方ありませんでした。

あおむけに寝転んだ彼女の体におおいかぶさるようにしてキスを続けながら、恐るおそる胸もとに手を伸ばしていました。

豊かな乳房は、いっぱいに開いた手の中に納まらぬほど張り詰めていました。

「アッン、すごく感じちゃう。いけない嫁ですね……アアン、アン」

そんなふうに言いながら、彼女は背中をそらして胸を押しつけてきました。

「息子が悪いんだよ。きみくらいの若さなら、欲求不満になって当然だ」

白い頰が薄紅色に染まっていて、興奮しているのがわかりました。その頰に口づけすると、彼女は唇を嚙みしめながら押し殺した喘ぎ声を洩らしました。

日除けにカーテンは敷いてありましたが、すぐ隣では赤ん坊が寝ています。起こさないように細心の注意を払いながらも、互いにこぼれ出る息づかいは、どんどん激しくなっていました。

乳房に沈めた指先で、スポンジのように押し返してくる感触を愉しんでいました。もんでいると、にじみ出てきた母乳がブラウスにしみはじめていました。

「ああ、服が汚れちゃうね。脱がせてあげようか?」

彼女がコクンとうなずいたので、ボタンを一つ一つていねいにはずしていきました。前が開くと、押し込められていた乳房が勢いよく飛び出してきました。

赤ん坊に与えていた乳房とはまるで違うもののように見えて、息を吞みました。こぼれる吐息に合わせて波打ちながら、白いミルクを滴らせる乳首は、硬くすぼまって欲情を露にしていました。

少女のような顔立ちとはあまりにもアンバランスで、彼女の知らない一面を垣間見た気がしました。

「はぁ。きれいなおっぱいだねぇ。吸ってみてもいいかい？」

彼女が「ハイ」とつぶやいたときにはもう、しゃぶりついていました。

早く味わっておかねば、赤ん坊に取られてしまうとあせったのです。急いた気持ちが、息子の嫁であるというとまどいを、すっかりかき消していました。

「ア、ア、アハン。イヤだわ。子どもを生んでからますます敏感になっちゃって」

きつく結んでいた口元をゆるめ、押し殺した声を洩らしながら、私の首にしがみついてきました。

舌先で乳首を転がしながら、はだけたブラウスをひん剝いていくと、丸い肩や、ふっくらとした腹が見えてきました。キメの細かい二十代の肌は、見た目にも美しく、さわり心地も抜群でした。

「感じやすいんだね。もっといろいろしてほしそうだな。こっちはどうだい？」

気持ちよさそうにまつ毛を伏せている彼女の顔を見つめながら、下半身をまさぐっていきました。

なだらかな曲線は、服の上から見る以上にどこもかしこも肉づきがよく、なでているだけで満たされてしまいそうになったほどです。

ひと際高く盛り上がっている恥骨をなでると、彼女は腰を浮かせて喘ぎました。

「ウフン、アン！　ダメだわ、じかにさわってほしくなっちゃう」

身悶えながら訴えてくる顔が、切羽詰まったように激しくゆがんでいました。

スカートのすそから手を入れて、汗ばんだ太もものすき間をこじ開けていくと、その奥は、思いのほかびっしょりと濡れていました。

「こんなに濡らして。よほどさびしかったんだね。どれ、お義父さんが見てあげよう」

スカートを脱がせ、両膝をぐっとつかんで大きく広げました。

淡いピンク色の下着には、べっとりとしたしみができていました。ふと頭に浮かんだ息子の顔を振り払いながら、とうとうそこに手をかけたのです。

彼女の体がビクンと震え、両脚に力が入ったのがわかりました。

「よしよし、いい子だね。大丈夫だよ、優しくするからね」

孫のオムツを替えるときのように優しく声をかけながら、ゆっくりと手をすべらせていきました。もちろん赤ん坊とはわけが違います。込み上げる好奇心と喜びを嚙みしめながら、小さなパンティをおろしていきました。

現れた赤い亀裂に、目を奪われました。

「アアッ、お義父さん、そんなに見ないで、恥ずかしいっ。いやん」

女のアソコなど、さんざん見てきたはずなのに、ふだんの彼女のイメージとあまりにもかけ離れていたので衝撃を受けました。

優香さんの秘部は、慎《つつ》ましいつぼみの姿を突然変えて咲き誇る、白百合を思わせました。大胆に開ききっている花弁の中心からは、芳醇《ほうじゅん》な蜜がとめどなく噴き出していました。

亀裂の頂点には、小さな突起が、男を誘うめしべのように毒々しく輝いていました。いい意味で期待を裏切ってくれたのです。

もしもそこが可憐《かれん》なつぼみのようであったなら、ふれることをためらったり、罪悪感を抱いたりしていたかもしれません。

あらためて、彼女が妻であり、母であることを思い知らされました。男のよさを十分に知る、成熟した女の体です。

「親子なんだから、恥ずかしがることはないさ。この蜜を全部吸ってあげるよ」

匂い立つ陰部に顔を埋めて、ピチャピチャと舐め回しました。自分のアソコも興奮をみなぎらせて張りつめていましたが、それよりも先に彼女を存分に味わい、悦ばせたかったのです
コリッと尖っためしべを唇に挟んで舌でなぶりながら、亀裂に指をねじ込みました。

亀裂の奥の柔らかな肉が、指を溶かすような勢いでまとわりついてきました。

「あうっ、ウウン！　お義父さんの太い指、すごく感じる、ハァン！」

子どもを生んだばかりとは思えぬほどの窮屈さに、若い回復力を見せつけられた気がしました。

「そんなに気持ちいいのかい？　じゃあ、もっと硬くて太いのを入れてあげようか？」

自分でも惚《ほ》れぼれするほど硬くなったイチモツを握り締め、ズボンの中から引っぱり出しました。優香さんが、うるんだ瞳で見つめながら腰を突き上げてきました。

「もう……我慢できません、ああっ、お義父さん。入れて……入れてください」

恥ずかしそうな、消え入るような声でしたが、私を欲しがる言葉はしっかりと耳に届きました。

息子の嫁からその言葉を聞いたと思うと、ひどく興奮しました。本来、ふれることさえ許されぬ相手です。

力強くそり返っているイチモツを、蜜にまみれた花弁の中心部に突き立てました。勢いよく腰を振ると、一気に根元まで入りました。男のモノをむさぼるような荒々しい花の生命力に、一瞬で呑み込まれたのです。

「アハン、もう、イキそう……もっと奥まで突いてくださいっ、ア、アッ！」

硬さでは息子にかなわないかもしれませんが、持久力なら負けないと思っていました。ところが、キュウキュウと締めつけられているうちに、思いがけず膨張して、発射寸前になってしまったのです。

「そろそろ、イキそうだ……」

そう告げて動きを止めると、広げていた両脚を私の腰に巻きつけてきました。

「イヤ、イヤ……待って、お願いです、抜かないで！」

危うく誘惑に負けそうになりましたが、寸でのところで踏みとどまって抜きました。

我を忘れて悶える彼女には、やはり、熟練の男がちょうどよいのかもしれません。

それでもまだ物足りないというふうに、髪を振り乱しながら私の下半身に唇を寄せてきました。

「大好きなお義父さんのミルクが欲しいんです、せめてお口に、出してください」

込み上げてきたものを、そのまま彼女の口の中に放出していました。

我に返ってふと見ると、隣で寝ていた孫が、いつの間にか目をパッチリと開けていたのでギクッとしました。声も出さずに指をしゃぶりながら、無垢《むく》な瞳でこちらを見つめていたのです。まるで、息子の代わりに見張っているかのようでした。

孫の成長を見守りながら、私はいまも密かに息子の嫁との関係を続けています。

第四章

永遠の快楽を探し求める牡と牝の本能

色気を放つアラサー美女を口説いた私
ドMの女芯を老練の技で責めまくり！

佐久間良治　自営業・六十二歳

半年ほど前、私が以前からひいきにしてる中古車ディーラーに、男の目を引く女性、まあ俗にいう「小股の切れ上がったいい女」が従業員として入店したんです。

とにかく男好きする顔とスタイルで、年のころなら三十前後、しばらく前に流行《はや》った表現だとアラサーでしょうか。接客にぴったりの人当たりのいい笑顔。腰の位置が高いすらりとした体形なのに、胸やお尻の女らしい丸みがたまりません。

もともと私は車が趣味なんです。その中古車ディーラーのオーナーは地元の後輩なので、週に一度は顔を出していました。そうそう買えるわけはないんですが、毎週入荷される多種多様な車を見ているだけで楽しいですからね。

彼女が働きはじめてからは、店に顔を出す回数が週三ぐらいに増えました。

見えみえの彼女目当てですが、後輩の店なので遠慮する必要もありません。私が彼女に「海沿いの美味しいイタリアンがあるんだ。ドライブがてらいっしょに行こうよ」などと話しかけていると、後輩が「佐久間《さくま》さん、営業中はほかのお客様の目もあるんで、やめてもらえますか」と耳打ちしてくるんですが、「うるせえよ」ってなもんです。

まあ、私の女好きはいまに始まったことではないんです。車より目がないかもしれません。自慢じゃないけど、女性経験はけっこう多いほうだと思います。この歳になっても常にアンテナを張っています。どこかに「いい女」はいないかって。結婚三十年になる女房は、とっくにあきらめているんじゃないでしょうか。

そんな私の持論は、女性の七割以上はドMだというものです。最近は「私、ドMなんですぅ」なんて自分から口にする若い女のコも多いようですが、それは「肉体的苦痛を与えられることで性的な快感を覚えるマゾヒスト」ということではなく、「恥ずかしいことをされると感じちゃう」ぐらいのことなんです。

そして、ドMな女性たちは、「私って押しに弱い」と思っています。成り行きのワンナイトラブのあとで、「彼氏でもない人とセックスしちゃったのは、私がエッチだからじゃなくて、強引に誘われたからよ」などと、自分で自分に言いわけするためです。

裏返すと、ドMな女性は、男に強引に口説かれると断り切れないタイプ。さらに深読みすれば、彼女たちは男に強引に口説かれることを待っているんです。

結局、何が言いたいかというと、ドMな女性、つまり女性の七割以上は、男性に強引に口説かれれば体を開く可能性が高い。それが、私の持論なんです。

なので、私の女性攻略法は、真正面から口説くこと。抱きたい、エッチしたいという下心を隠すことなく、思いの丈をぶつけるだけなんです。そのおかげで、私は同年代の男たちよりは、多くの女性を抱くことができたんだと思います。もちろん失敗のほうがはるかに多いので、私の持論が正論かどうかはわかりませんが……。

とにかく私は持論を信じて、後輩の中古車ディーラーで見つけた「小股の切れ上がったいい女」を正面から、やや強引に、そして根気よく口説きました。

あたりまえに仕事と関係ないことを話しかける私に、最初は彼女もけげんな顔をしていましたが、オーナーの先輩ということもわかり、一カ月もすると、プライベートな質問にも笑顔で受け答えしてくれるようになりました。

徐々に、彼女のプロフィールもわかっていきました。

名前は長谷川《はせがわ》美保《みほ》。地元で生まれ育った三十歳で、なんと私とディーラーオーナーが卒業した小中学校に通っていたようです。まあ、三十年以上後輩ですが……。

いちばん驚いたのは、彼女が結婚しているということでした。

ただでさえ「いい女」なのに、人妻だというのですから、それを聞いて私のスケベ心はさらに燃え上がりました。私の女性経験の中にも人妻は数えるほどしかいませんでした。ただ、みんなベッドの上では別人のように乱れてくれました。こんなに魅力的な人妻をヒーヒー言わせるチャンスなんてめったにありません。

そして、ようやく彼女が私とのドライブデートに応じてくれたのは、初めて中古車ディーラーで会ったときから四カ月以上がたっていました。そのころにはもう、私たちは「美保ちゃん」「佐久間さん」と呼び合うようになっていました。

私は自営業なので時間の自由はききますから、彼女の仕事が休みの平日の昼間でした。海外通りをドライブしながら、ロケーションに合わせて、若いころから大好きだったサザンオールスターズをBGMに流しました。私の選曲には彼女が生まれる前の曲も多いというのに、「私もサザン好きですよ」と喜んでくれました。

店で話してるときは、流行りものの話題なんかになると、さすがに世代差を感じることも多かったのですが、やっぱりサザンは偉大だなあと感動してしまいました。

海を一望できるイタリアンレストランで楽しく食事をしながら、私はあらためて彼女の魅力にクラクラしていました。いつも店内やカウンターで働いているときは、ストライプのシャツにネクタイ、黒いベストにタイトスカートというディーラーの制服を着て、髪を後方に結んでいて、それはそれで魅力的なんですが、その日はゆるくウェーブのかかったセミロングの髪を下ろし、ノースリーブの体に貼りつくようなニットのワンピースを着ていました。それがもう、セクシーこの上ないんです。

「今日はありがとうございます。こんなに楽しいランチ、独身のとき以来です」

私と二人で出かけることをオーケーしてくれたとき、彼女の心の準備はととのっていたのでしょう。つまり男女の関係になる覚悟ができている。私にはそう思えました。

ですから私は食事の帰り道、海沿いのドライブロードに点在する恋人たちの憩いの場、モーテルの敷地に何も言わずに車をすべり込ませたのです。

「佐久間さん、私、結婚してるんですよ……」

彼女はそう釘を刺してきましたが、その口調はどこか冗談めいていて、ほんとうに拒否する様子はありませんでした。やっぱり美保ちゃんは受け入れてくれたんだ！

私は還暦過ぎだというのに、青年のように興奮して心臓がバクバクしました。

モーテルの敷地には駐車場つきの小屋が何棟も並んでいました。空いている駐車場に車を入れると入り口のドアのロックが解除されて、音声ガイダンスが流れました。

部屋に入ると、いきなりキングサイズのベッドが置かれていて、あとはバスルームとトイレ。そこはまさに、セックスするためだけの空間でした。

いい歳をした男の興奮と緊張を隠すために、私は部屋に入るとすぐに、美保ちゃんを抱き寄せました。グッと一瞬、彼女の体に力が入りましたが、すぐにそれはほどけていきました。そして、どちらからともなく、唇を重ねていったんです。

やさしくキスを繰り返しながら、彼女のジャケットを脱がせました。唇をこすり合わせながら、体のラインが浮き彫りになったニットのワンピースの上から、ふれるかふれないかの力加減で背中や腰をなで回していきました。

「はぁ、はぁ……ふぅ、はぅん」

美保ちゃんの息づかいが、少しずつ色っぽくなっていきました。それに伴って私は徐々に年がいというか、落ち着きを取り戻していったような気がします。

大きく唇を開けて、キスを大胆にしていきました。突き出した舌を彼女の口の中に忍ばせていくと、彼女の舌もなめらかに絡みついてきました。強く抱き締め、舌を絡ませ合いました。瞬く間に二人の唾液が混じり合って、口唇がねばっていきました。

「……くちゅっ、グジュ、ブジュジュ」

そのまま私は、彼女のヒップに両手を這わせていきました。まるまるとした桃のようなお尻は、たまらない柔らかさでした。桃尻をぴったりと包むニットの奥に、ショーツの衣擦れを感じました。興奮した私の指先に力が入っていきました。

ムギュッ、ムギュッと音が聞こえそうなほど、両方のお尻をもんでしまいました。

十本の指を食い込ませながら、長い長いディープキスが続きました。

やがて唇を離した美保ちゃんが、困ったように見つめてきました。

「佐久間さん、そんなに激しく……」

私がグイグイとお尻をもみつづけたまま、ジッと見つめ返すと、彼女は恥ずかしそうに目をそらしました。私はゆっくりと彼女の耳に舌を這わせていきました。

「ヒッ、うぅっ……あっ、ふっ」

彼女は頭をのけぞらせて、全身を小刻みにふるわせました。

「耳、感じるみたいだね」

「……は、はい」

私は舌を生き物のように動かして、耳を舐め回しながら、こうささやきました。

「今日はいっぱい、エッチなことをしていいかい？」

ビクッと肩をこわばらせた美保ちゃんは、しばらくの間、身動きせずに固まっていましたが、わずかに髪をゆらすと、コクリとうなずいてくれました。

私は彼女の耳を舐めながら、ささやきつづけました。

「腋の下を舐め回して、美保ちゃんの汗が飲みたいんだ」

「勃起した乳首をイジメたり、マングリ返しでクンニしたり……」

「動物みたいにバックで出し入れしながら、アナルも愛撫してあげるよ」

彼女は驚いたように目を見開き、子どものようにイヤイヤと首を振りました。

「そ、そんなこと……言わなくても」

そして私は、それらのことを忠実に実行していったんです。

まずは、グウゥッと彼女の右腕を持ち上げていきました。ノースリーブの袖口からのぞいてきた腋の下は、きれいに処理されて子どものようにツルツルしていました。

「ひっ、そんな……ほんとうに？」

彼女は腕を引き戻そうとしましたが、いくら歳の差があっても、男の私のほうが力は強いようでした。私は彼女の右腕を後頭部まで持ち上げ、そこでグッと押さえて、腋の下に顔を近づけていきました。そしてクンクンと鼻を鳴らしたんです。

「やっ、やめて、恥ずかしいです」

甘いフェロモンが私の鼻の中に押し寄せてきました。

「あぁ、美保ちゃん、いい匂いだ」

私は彼女に見せつけるように、舌を突き出せるだけ突き出してから、ゆっくりと腋の下の肌に密着させて、そのままヌメーッと舐め上げました。

「ひぃーっ、ダメぇ、そんなこと……」

それを何度も繰り返すと、彼女の腋の下にはねっとりと汗がにじんできました。

「し、信じられない、シャワーも浴びてないのに……」

舐めれば舐めるほど汗がしみ出しました。私は深く腋の下に顔を埋めて、次々と溢れる汗を舐め取り、口の中で味わうように転がしました。ピチャピチャ、ジュルジュルと音をさせてしゃぶり回し、ときおり喉を鳴らして飲み込んだんです。

私がうっとりして、「美味しいよ」「いい匂いだ」とつぶやきながら、大きく息を吸い込み、執拗《しつよう》に舐め回していると、やがて美保ちゃんの体が高熱にうなされるように、ブルブルと震えはじめるのを感じました。

「あッ、あッ、佐久間さん、こんなの……ヘンタイです」

彼女が震えながら、なじるように言いました。

私は腋の下にヌルヌルと舌を這わせながら、ワンピースの背中を探って、生地越しにブラジャーのホックをはずしてしまいました。

「キャッ、そんな……」

舐めている腋の下の反対側のノースリーブから手を差し込んで、浮いたブラジャーをまくり上げると、たわわな乳房の頂で乳首がピンピンに勃起していました。

「さわってもないのに、こんなに乳首を硬くさせて」

そう言いながら私は、親指と中指で乳首をつまんでクリクリとこねつけました。

「あぁ、ダメ、すごく敏感に……んんぅ」

彼女は全身をヒクつかせながら、狂おしく髪をゆらしました。私は腋舐めをやめて頭を起こし、正面から彼女を見つめてこう言いました。

「俺がヘンタイなら、美保ちゃんは淫乱なM女だな」

ピクッと反応した彼女の頬、耳、首筋までが、真っ赤に染まっていきました。

私はすかさず、もう片方のノースリーブの穴からも手を差し込んで、両方の乳首を愛撫しました。十本の指全部を使って、いやらしくこねくり回したんです。

「そこ、そんなに……あん、いいッ、感じちゃう」

乳首をこねる私の指の動きに合わせるように、美保ちゃんは全身を小刻みにふるわせて、クイッ、クイッといやらしく腰を動かしていました。彼女は私が思っていた以上にドM、つまり、恥ずかしいほどに感じてしまう女性だったようです。

「乳首だけでそんなに感じて、やっぱり美保ちゃんは淫乱みたいだな」

「そ、そんなこと……ありません」

彼女はきれいにウェーブのかかったセミロングの髪を振り乱しました。私はその機を狙って、ワンピースのすそからすばやく右手を忍び込ませました。

とっさに彼女はすそを握って阻止しようとしたようですが、私の指先は汗ばむ太ももをズルッと通り抜けて、一気にショーツの股間まで達していました。そこは驚くほどに熱を帯びて、布地が二重になっているクロッチの外まで明らかに濡れていました。

「あッ、ダメ……！」

「もうこんなに、グチャグチャじゃないか！」

私が思わずそう言うと、彼女はこぼれそうなほど目をうるませて否定しました。

「ウソ、そんなわけ……ないもん」

そんな美保ちゃんがさらにかわいらしくて、私はまっすぐに目を見つめたまま、ショーツの中に指を突き入れました。しっとりとした陰毛をなでつけた指に、濡れそぼるヴァギナの感触が伝わってきました。なんとも淫蕩《いんとう》なさわり心地でした。

「ああ、すごいよ、美保ちゃん」

私がヌルヌルのヴァギナに指先を押し当て、関節を曲げ伸ばしてかき上げると、ワンピースの中から、グチュッ、グチュグチュッとねばった音が聞こえてきました。

「ほら、こんなに、エッチな音が……」

神経を逆撫でするような音が、静かな部屋に響き渡りました。

「やめて……知りません、そんな音」

美保ちゃんは私をなじるように言いながら、その言葉とは裏腹に、ウエストから下をしゃくり上げるようにして、私の指にヴァギナをこすりつけているようでした。

「どこから、そんな……いやらしい音が出てるんですか？」

うるんだ瞳で私をまっすぐに見つめ返して、そう問いかけてきました。

「美保ちゃんのここ……オマ〇コだよ」

言った直後に私は、中指と薬指を絡ませて、ぬかるんだ膣口の中にねじ込むように埋めていきました。抱きかかえた彼女の背筋がグゥッとそり返りました。

「ダ、メ、そんなに入れちゃ……」

私がスナップまで利かせて、二本の指を膣内にグイグイと突き入れていくと、指に絡んだ小陰唇がヌメッ、ヌメッとめくれているような気がしました。

「ダメダメ、そんな……おかしくなっちゃう」

私は指を出し入れしながら、言い聞かせるように問いかけました。

「美保ちゃん、ほんとうは、もっと恥ずかしいことが……したいんだろ？」

彼女はワンピースのすそを握り締めたまま、「はっ、はぅ……」としばらくの間、荒い息を繰り返していましたが、やがて、小さくコクコクと首を縦に振りました。

「自分がクンニされてるところ、見たことあるかい？」

今度は美保ちゃんが、ブンブンと首を横に振りました。

「じゃあ、ベッドに行こうか」

「あ、その前に、シャワーを浴びませんか？」

「ダメだよ。だって浴びないほうが、恥ずかしいだろ」

「……は、はい」

どんな恥ずかしいことをされてしまうんだろう。そんな表情で彼女がベッドにあおむけで横たわりました。私は服を脱ぎ去り、ボクサーパンツ一枚になって、彼女の足元からベッドに乗り上げ、じりじりと迫っていきました。

「な、何を……キャッ！」

私はいきなり、あおむけの彼女のお尻をグイッと持ち上げ、ワンピースのすそをお腹の上までめくり上げると、セクシーなショーツを剝ぎ取るように脱がせました。

私の目の前に現れた美保ちゃんのヴァギナは、濡れたサーモンピンクの小陰唇がパックリと開いて、硬く勃起した小豆ほどのクリトリスが剝き出していました。

「イヤイヤ、信じられない、こんな格好ッ」

あわてふためく美保ちゃんを黙らせるように、私は高く浮き上がったお尻を胸板で支えて、愛液まみれの女性器にブチュッと口唇を密着させました。

「あうぅっ、ヒイぅ、ダっメぇ」

じらしも前ふりもない突然のクンニに、彼女が狂ったように髪を振り乱しました。

私は見せつけるようにクリトリスを舐め上げ、とがらせた舌を愛液をたたえた割れ目に往復させて、ビチャビチャ、ジュルジュルッと大きい音を響かせました。

「むぐ、ダメ、そんな……ヒ、ヒイッ！」

「くうっ、美保ちゃんは体が柔らかいんだな。すごいマングリ返しだぞ」

ヨガのポーズのように、形を支点にしてお尻が高く浮き上がり、足先は彼女の頭の上まで伸びていました。着乱れたワンピースが全裸より淫らで、ブラジャーもめくれ上がって、たわわな乳房がゆれていました。その格好で私が両手の指で左右から割れ目を広げて、彼女の目の前三十センチもないところでクンニしていたんです。

「あうッ、ま、丸見えで……恥ずかしすぎて、んぐ」

そんな彼女に見せつけながら、グチュッ、グチュッと膣に舌を突き入れました。

「やめて、やめて……佐久間さん、ほんとにヘンタイです」

「ふーん、そんなにイヤなら、違う穴を舐めようかな」

私は膣に出し入れしていた舌をヌルッと離し、後ろに移動させていきました。

「ダメッ、イヤーッ……ああぁぁッ」

そう、アナル、お尻の穴です。美保ちゃんのアナルは、開いたり閉じたりヒクヒクして、あきれるほどいやらしいものでした。私は愛液でヌルヌルになった舌を、その中心にグイグイと押しつけました。

「ダメダメ……こんなの、おかしいよ」

美保ちゃんは、私の行為を怯《おび》えたような表情で見つめていました。

「お、お尻の穴は……そんなことするところじゃ、ないわ」

私は肛門をほじりながら、そのまま指を膣に入れました。右の指を一本、二本と出し入れさせてから、左手の指に交代して、グチュッ、グチュッと突き入れたんです。

「も、もう、ほんとうに……私、おかしくなっちゃうッ」

さらに私は、左手の中指と薬指をヴァギナに深く突き入れ、グチュグチュと膣内をかき回しながら、同時に右手の指でクリトリスをこねくり回していきました。

「ああッ、そんなにッ……うぐっ、すごいぃっ！」

マングリ返しの信じられないほど恥ずかしい格好で、アナルと膣とクリトリスの三か所を同時に責められて、美保ちゃんは興奮と羞恥に息も絶えだえでした。

「こんなに、されたら……イッちゃう！」

窮屈な体勢の彼女の体がベッドの上で、ビクンッ、ビクンッと飛び上がると同時に、ヴァギナからビュッ、ビュビュッと透明の液体が吹き出しました。

「イクイク！　いや、ダメ……また出るッ！」

何度も何度も、大量の潮が吹き出し、彼女自身の顔に降り注ぎました。

「いやらしいな、こんなにおもらししちゃって」

私はそう言いながら、ボクサーパンツを脱いで立ち上がりました。

「違うの、こんなの初めて……ヒッ、すごい、佐久間さん」

マングリ返しから解放された美保ちゃんは、ベッドの上で女の子座りになりました。その目の前で、私の愚息が青年時代に戻ったようにそり返っていたんです。

「ほら、これが欲しいんじゃないか？　美保ちゃん」

そう言いながら私は、彼女の顔面に亀頭を押しつけました。すると彼女は両手でペニスの根元を押さえ、口をいっぱいに開いて、舌を突き出してきたんです。そして、亀頭、カリ首、裏筋から、睾丸の袋まで一所懸命に舐め回していったんです。

「そんなに美味しそうにしゃぶって、恥ずかしくないの？」

今度はもう私の言葉など聞こえないとでもいうように、ぱっくりと亀頭を咥え込んでしまいました。すぐに口の中に唾液を溜めて、ジュブジュブと音を立てて出し入れしはじめました。口角から唾液が糸を引いて滴り落ちるのもかまわず、亀頭から根元までを吸引しながらピストンで出し入れするバキュームフェラでした。そのままときおり、私に哀願するような視線を向けてきました。長い長いフェラが続き、とうとう彼女がチュプッと亀頭を吐き出すと、こうささやいたんです。

「あぁぅ、早く、欲しいです……佐久間さん」

そして自ら着乱れていたワンピースとブラジャーを脱ぎ去り、全裸で四つん這いになって私にお尻を向けてきたんです。なんともなまめかしいポーズでした。

「私、恥ずかしい、バックが……いちばん好きなんです」

そこまで言われたら、私も挿入せざるをえませんでした。もうずいぶん前から、入れたくて入れたくて仕方なかったんです。立膝で彼女の背後に近づき、くびれたウエストを両手でつかみました。

すると、四つん這いの太ももの間から美保ちゃんの指が伸びてきて、ペニスを支え持って、ヴァギナに導いていったんです。そのまま亀頭を膣口に宛がうと、桃のようなお尻をゆっくりと後ろに押しつけてきました。

見つめる私の視線の先で、膣口の粘膜がヌルッと亀頭を呑み込みました。

「はっ、入りました。はうぅっ、太くて……き、きついです」

後頭部がしびれるほど淫らな光景に、私も我慢できませんでした。柔らかいヒップの肉をわしづかみにして、続けざまに腰を振り、根元まで突き入れたんです。

「あッ、あッ、奥まで……あぁぁうっ！」

大きい桃のような美保ちゃんのお尻の肉には、びっしりと汗が浮いて、ヌルヌルにすべっていました。私は両側からニュル、ニュルッともみしだきました。

「あッ、やッ、いやらしい、中まで押されるぅ！」

私が突き入れるリズムに合わせて、彼女も脚を踏ん張り受け止めていました。

「あぁぁーっ、もおっ、死んじゃう！」

そうして私たちは、どこまでもいっしょに昇りつめたんです。

もちろんその後も、私と美保ちゃんのエッチな関係は続いています。自慢するようですが、彼女はますますいい女になって、店ではいつも「いらっしゃいませー」と最高の笑顔をふりまいています。そのおかげで客も増え、売り上げもアップして、オーナーの後輩も喜んでいるようですが、私はちょっと心配なんです。

だって、私は知っているんです。一度、不倫セックスの刺激と興奮を知ってしまった人妻は、いろんな男とエッチしてみたくなるということを……。

愛する旦那のため肉体を捧げる貞淑妻
快楽の虜となり自ら挿入を懇願し……

堀久志　会社員・五十六歳

私はある大手の電気機器メーカーで、人事部長をしております。

業績の悪化から社員のリストラを指示され、頭を痛めていたときのことです。

ある日、一人の女性から電話がありました。

彼女の名は下園邦子《しもぞのくにこ》、我が社のマドンナだった女性です。

邦子が働いていたのは新卒からの三年間で、いまから十年ほど前のことでした。

艶のある黒髪、切れ長の目、小さな鼻に上品な唇。とても魅力的な女性でしたが、すでに妻子持ちの私はアプローチをかけられるはずもありませんでした。

それでも彼女からは信頼されている自負があり、妹というよりは娘に近い存在で、いい上司と部下の関係を築けていたのではないかと思います。

私のほうは異性としてははっきり意識しており、夜も眠れないほど恋い焦がれていたのですが、もちろんおくびにも出しませんでした。

そういう状況でしたので、営業部の下園が彼女のハートを射止めたと聞いたときは大きなショックを受けましたし、また社内に激震が走りました。

彼はルックスがちょっといいだけで、仕事はいい加減なダメ男だったからです。

当時は激しい嫉妬に憎悪さえ抱いたのですが、いまとなっては昔のことで、ただなつかしいという思いだけが脳裏をよぎりました。

どうしても話したいことがあると言われ、私は喫茶店で彼女と待ち合わせをしました。

久方ぶりに会う邦子は三十五歳の女盛りを迎え、ふくよかなボディラインとややつれた表情が牡の本能を騒がせました。

推察したどおり、話はリストラの件で、下園から自分が対象になっているらしいと聞いたようで、どうにかならないかとのことでした。

一人息子は私立の小学校に通っており、お金がかかること。脳梗塞《のうこうそく》で倒れた母親の介護が重なり、たいへんな環境にあることを切々と訴えてきたのですが、社員らの人生に大きく関わることですから私情は挟めません。

「……申し訳ないけど」

こちらの真意を説明し、丁重に断ったところ、彼女は涙をぽろぽろこぼしました。

同情はしたものの、これ以上は顔を合わせているのがつらく、私は伝票を手に腰を上げかけました。

「私のできることでしたら、なんでもしますから」

「……え？」

思いがけない言葉をかけられ、身がこわばりました。

「堀《ほり》さんのお望みを、おっしゃってください」

「ど、どういうこと……かな？　ちょっと、意味がわからないんだけど」

「言葉どおりです……どんなふうに受け取ってもらってもかまいません」

邦子は涙をハンカチでぬぐったあと、目を伏せ、頬をうっすら赤らめました。

まさかとは思いましたが、熟女の様子を目にした限り、考えられることといったら、一つしかありません。

しばし愕然としたのですが、忘れていたかつての未練が炎のように燃え上がり、恥ずかしながら股間がズキンと疼いてしまったんです。

同時に、過去の嫉妬の感情や失意を受けたときの怒りもよみがえりました。

それでも、あのときは理性と本能の間で揺れ動いていたと思います。

「そ、そんなに困ってるのかい？」

コクンとうなずく邦子の体を、私は舐め回すように見つめてしまい、やがて気持ちは本能へと傾いていきました。

「じゃ、と、とりあえず……食事でもしようか？　いつなら大丈夫かな？」

「来週の火曜なら……」

「そ、そう。昼間のほうがいいのかな？」

「……できれば」

「わかった。Kホテルの最上階にレストランがあるんだが、知ってるかな？」

「……はい」

「その店を予約しておくよ。時間は……十二時半でどうだろう？」

「けっこうです」

「もし気が変わったら、早めに連絡してくれよ」

言いたいことだけを告げ、私は喫茶店を立ち去りましたが、年がいもなく胸をドキドキさせていました。

まさか彼女を抱ける日が来るとは、夢にも思っていなかったのですから……。

私はさっそくレストランとホテルの部屋をリザーブし、その日を指折り数えて待ったのです。

幸いにも彼女から断りの連絡はなく、当日になると朝から落ち着かない時間を過ごしました。そして時計の針が十二時を指すと、打ち合わせで直帰すると部下に告げ、会社をあとにしたんです。

レストランで待っている間、ひょっとして来ないのではないかと、どれほどハラハラしたことか。

それだけに邦子が現れたときはホッとし、可憐《かれん》な白いワンピーススーツ姿に胸をときめかせました。

「私のために……申し訳ありません」

「いや、いいんだよ。なんでも好きなものを注文したまえ」

私も彼女も食欲がわかず、軽食と少々のアルコールを胃袋に入れたところで、さっそく話を切り出しました。

「部屋をとってあるんだが……そういうことでいいんだよね？」

「はい……その前に、お願いしていたリストラの件は大丈夫でしょうか？」

「も、もちろんだよ！　私は人事部長なんだから」

胸を張って答えると、邦子は安堵の吐息をこぼし、恥ずかしげに目を伏せました。

桜色に染まった頬、赤いルージュが引かれた唇、官能的なカーブを描くボディライン。腹がこなれると、まがまがしい性衝動が頭をもたげ、これ以上はとても我慢できそうにありませんでした。

逸《はや》る気持ちを抑えながら会計をすませた私は、すぐさまく彼女を予約した部屋に連れ込みました。

「さあ、どうぞ」

「……すみません」

扉を閉め、まるまるとしたヒップを見つめたとたん、完全にストッパーがはずれました。

私は背後から彼女を抱き締め、生白い首筋に鼻を押しつけてクンクンと匂いをかいだんです。

「あ、ちょっ……」

甘ったるいフェロモンが鼻の奥を突き刺し、股間の逸物が条件反射のごとく膨張しました。

「さあ、こっちへ」

私は細い手首をつかみ、奥に向かってズンズン突き進みました。

邦子はダブルベッドを目にし、困惑した顔をしていましたが、夫のリストラがかかっていたのでは後戻りはできません。

肉感的な体を抱き寄せ、唇を近づけると、彼女は身をよじって避けました。

「ま、待ってください」

「これ以上は待てないよ。いまだから話すけど、君のことはあこがれてたんだからさ。それとも、気が変わったのかい？」

「違います……シャ、シャワーを浴びさせてください」

汗を流したら、彼女の匂いがすべて消えてしまいます。

あのときの私は、一度きりの情交になるのなら、とことん快楽をむさぼり、自分の趣向を満足させたいという思いだけに衝《つ》き動かされていました。

「私の言うことが聞けないなら、君との約束も請け負えないよ。こちらだって、不正に手を染めることになるんだから」

「……ああっ」

切り札を突きつけたとたん、体から力が抜け落ち、あきらめの吐息が洩れ聞こえました。

私はさっそく上着を脱ぎ捨て、ネクタイをほどいてほくそ笑みました。

「君が脱がしてくれたまえ」

「……え」

「ズボンとパンツを脱がしてくれと言ってるんだ」

腰に手を当てて仁王立ちすると、邦子は唇を噛み、腰をゆっくり落としました。

チャックがゆっくり引きおろされる間、私はシャツを脱ぎ捨て、熟女の様子を感慨深げに見おろしました。

あの清楚だったマドンナがいまは目の前でひれ伏し、こちらの指示に逆らうことなくしたがっているのです。

彼女はズボンのウエストに手を添えてから顔をそむけ、ためらいがちに引きおろしていきました。

一つ年上の妻とはもう三年近くも営みがなく、ペニスが反動をつけて跳ね上がるほどの昂りを見せたのは久しぶりのことです。

相手は二十一も年下の美人妻なのですから、めったにお目にかかれないシチュエーションに、牡の本能は騒ぐばかりでした。

「ちゃんと目を開けて」

穏やかな口調で命令すると、邦子は目をうっすら開け、天に向かってそり勃つペニスを恐るおそる見つめました。

「……ああ」

五十六という年齢で、性器が隆々にそり勃つとは考えていなかったのかもしれません。熟女は息を呑んだあと、再び困惑げに目をそむけました。

「だめだよ、そっぽを向いたら。ちゃんと見て、チ○ポをしごいてくれ」

いまの彼女は人妻であり、もう子どもではありません。

今度はやや強い口調で指示すると、意を決したのか、邦子はペニスを真正面から見つめ、しなやかな指をそっと伸ばしました。

「お、ふっ」

胴体に指先が絡んだだけで甘美な電流が背筋を駆け抜け、牡の玉がクンと持ち上がりました。

あのときの心情を別の言い方で表せば、女の裸ばかりを思い描いていた童貞のときに戻った感覚だったでしょうか。

ペニスをしごかれるたびに快感の風船がふくらんでいき、睾丸の中の男の証が荒れ狂いました。

すぐにでも襲いかかりたい気持ちを懸命に抑え込み、私は平静を装いながらぶしつけな要求を突きつけたんです。

「はあ、たまらん……口でしてもらえるかな？」

「……え？」

シャワーも浴びていないのですから、抵抗があるのは当然のことです。

ですが、マドンナに汗臭い逸物を舐めてもらうことは、私がかって何度も頭に思い描いた光景でした。

「なんでもしますって、言ったよね？」

不敵な笑みを浮かべて告げると、邦子は悲しげに口元をゆがめ、顔をゆっくり近づけてきました。

可憐《かれん》な唇を開き、舌で裏茎をチロチロ舐め上げたときの優越感は、いまだに忘れられません。

下園のような男と結婚しなければ、あんな屈辱を味わうことはなかったでしょう。

「先っぽのほうも、そう、そうだ……唾をたっぷり垂らして」

破廉恥《はれんち》なレクチャーをしつつ、私はワクワクしながら次の指示を出しました。

「チ〇ポを咥えて」

彼女が目を閉じ、小さな口を開けてペニスを呑み込んでいくと、ぬっくりした口の中の粘膜が亀頭を包み込み、青筋が熱い脈動を訴えました。

「お、おう」

私は肛門括約筋を引き締め、美熟女のフェラチオシーンを瞬きもせずに見おろしました。

さすがは人妻だけに、口戯は慣れたもので、顔のスライドが開始されると、全身の細胞が歓喜の渦に巻き込まれました。

じゅっぷじゅっぷといやらしい音が響き渡ると同時に、射精欲求がみるみる上昇しました。

もしかすると、彼女は早々と射精させてしまおうと考えていたのかもしれません。

いきなり吸引力を上げ、柔らかい上下の唇で敏感なカリ首を執拗にこすり立てました。

もちろん、始めたばかりで放出するわけにはいきません。

私はフェラチオをストップさせ、邦子を無理やり立たせました。そして目を細め、衣服を脱ぐように命じたんです。

「あ、あの……」

「今後はいっさい、君の言葉は受けつけんよ。これは取引で、君も応じたんだから」

にやりと笑うと、熟女は肩を落とし、自らワンピーススーツを脱ぎはじめました。

上着に続いて背中のファスナーがおろされ、純白のワンピースが肩からゆっくりおろされました。

甘ずっぱい体臭が鼻先にふわんとただよった直後、これまた真っ白なレースのブラジャーとショーツが目を射抜きました。

豊かな乳房の輪郭、くっきりした胸の谷間、くびれたウエスト、そして丸みを帯びたヒップのラインとむっちりした太もも。脂の乗りきったボディに陶然とし、私は無意識のうちに何度も熱い溜め息を放っていました。

「ブ、ブラを取ってくれ」

背中に回した手がホックをはずすとカップがずれ、まろやかな乳丘がたゆんと弾み揺らぎました。

美しい裸体に自制心はとうとう限界を超え、私はダブルベッドのカバーとブランケットを剝ぎ取り、熟れた肉体をシーツの上に押し倒しました。

「きゃっ」

無我夢中で唇をむさぼるも、けっして口を開けようとはせず、それが彼女の唯一の抵抗だったのかもしれません。

かまわず耳元から首筋に舌を這わせ、甘ったるい味覚と匂いを堪能しました。

鎖骨から胸元へ顔を移動させ、乳房をもみしだきつつ、桜色の乳頭を舌でコロコロと舐め転がしました。

「あ、ン、ううっ」

さらには腋の下から指の先まで、私はねちっこい愛撫を延々と繰り返したんです。

冗談ではなく、彼女の体なら、一時間でも二時間でも舐めつづけられるのではないかと思いました。

「あ、き、汚いですから……ひぃう」

足の爪先を一本一本おしゃぶりすると、さすがに邦子は身をよじったのですが、それなりに気持ちよかったのかもしれません。

次第に肌がしっとり汗ばみ、体温が上昇しているようでした。

股間の周囲は特に念入りに舐め回し、熟女の性感をゆっくり、じらしながら高めていきました。

「……ああっ」

息が荒くなるころ、私は引きおろしたショーツを足首から抜き取り、ここぞとばかりに両足を広げました。

「お、おおっ」

もともと色白のせいか、女陰は色素沈着がほとんどなく、まるで百合の花を見ているようでした。

執拗な愛撫が功を奏したのか、花びらはすっかり開花し、めしべが割れ目から顔をのぞかせ、とろとろの内粘膜も飛び出さんばかりに盛り上がっていました。

「はっ、ふうっ！」

熱い息を吹きかけただけで、彼女はくぐもった吐息を放ち、体をピクンとひきつらせました。

目はとろんとし、額や頬も照り輝いている状態で、私は一も二もなく熟女の花にむさぼりついていったんです。

「あ、あぁぁっ」

アンズにも似た味覚とチーズのような匂いを心ゆくまで味わうなか、肉厚の腰がくねり、湿った吐息がこぼれはじめました。

私はここでもねちっこい舌づかいで、性感ポイントをこれでもかと刺激してあげたんです。

上目づかいに様子をうかがえば、腰を盛んにくねらせ、やたら色っぽい表情は完全に快感のとりこに陥《おちい》っているようにしか思えませんでした。

「あ、あ、も、もう……」

「もう……なんだね？　はっきり言ってくれないと、わからんよ」

「い、入れてください！」

自分からおねだりさせた瞬間、私は勝ち誇った笑みを浮かべ、かつてのマドンナを手に入れた高揚《こうよう》感に打ち震えました。

「あ、や、や、やぁぁっ」

ゆっくり時間をかけ、ペニスを膣内に差し入れたときの嬌声と悩ましげな表情は、頭の中にくっきり刻まれています。

「い、ひぃぃっ」

中途まで入れたところでペニスをズシンと叩き込むと、裏返った声を張りあげました。

肉体はよほど快楽を欲していたのか、意識的にスローテンポのスライドを繰り出せば、自ら腰をくねらせてしがみついてきました。

「あっ、やっ、ンっ、はっ、や、はぁぁっ」

腰のスライドを繰り返すたびに美熟女はむせび泣き、恥骨を振ってはヒップを大きく揺すりました。そして、結合してから五分とたたずに絶頂を迎えてしまったのです。

「あっ、やっ、だめ、イッ……くぅ！」

膣内の締めつけは強くも弱くもなく、まるで真綿でくるまれるような快感を与えました。

私のペニスにはやたらしっくりし、古女房とは比較にならないほどの気持ちよさを与えてきたんです。

そのあとは、二十分近くペニスの抜き差しを繰り返したでしょうか。

彼女は何度もアクメを迎え、腹部に射精するころには、半ば失神状態に陥っていました。

約束どおり、下園をリストラ対象からはずしましたが、上の人間からは首を傾げられ、対応にはかなり苦慮しました。

それでも、約束を反故《ほご》にする気はさらさらありませんでした。

なぜって、邦子とはいまだに背徳の肉体関係を続けているのですから。

熟女看護師になった教え子との邂逅
二人きりの病室で念願の生セックス！

大原喜一　塾講師・六十五歳

私は定年退職をした元高校教師です。現在は教師だったときの経験を活かし、塾講師をしています。

二カ月ほど前のことでした。外出中にちょっとした事故にあい、転倒して右足を骨折してしまったのです。

すぐさま救急車で病院に運ばれて手術し、そのまま入院となりました。

入院は仕方がないこととして、病室に現れた担当の看護師を見て私は驚きました。

私と同じように、看護師の女性も驚いた顔をしています。

「大原《おおはら》先生じゃないですか。お久しぶりです！」

「山口《やまぐち》くんこそ、まさかこんな場所で会うとは思わなかったよ」

なんと彼女は私の元教え子で、三十年ほど前に担任をした生徒だったのです。

当時、まだ三十代と若かった私は、熱血教師そのものでした。一方で彼女は私に反抗ばかりする、手のつけられない不良少女でした。

まさかその彼女と病院で再会するとは、夢にも思いませんでした。

名札をよく見たところ、彼女は苗字が変わって久保田《くぼた》という姓になっていました。話を聞くと、高校を卒業後に仕事を転々とし、一念発起して看護学校に入り看護師となったようです。すでに四十九歳になっており、現在は家庭を持ち二児の母親ということでした。

すっかり風格のあるベテランの看護師となった彼女ですが、昔はずいぶん手を焼かされたものでした。髪を染めて数々の問題行動を起こし、退学寸前になったことさえあったのです。

そのころの面影はすっかり消え、穏やかな顔つきの大人の女性へと変貌していました。ついでに体つきもふくよかになったようで、お尻と胸も一回りほど大きくなっていました。

「あのころは、先生に迷惑ばかりかけて……ほんとうに申し訳ありませんでした」

「いや、いいんだよ。それよりずいぶん立派になったようで安心したよ」

再会を喜んだ私たちは、病室でひとしきり昔話をして過ごしました。

それからというもの、彼女は事あるごとに私の病室に顔を出すようになりました。毎朝の検診や身の周りの世話まで、身動きのできない私をかいがいしくサポートしてくれたのです。

もちろんそれには、下の世話も含まれていました。仕方がないとはいえ、用を足すのにも人の手を借りるのは恥ずかしいものでした。しかし彼女は「気にしないでください。これも仕事ですから」と、涼しい顔をしています。

テキパキと仕事をこなす姿を見て、立派な看護師に育ったものだなぁと、私は感慨深い思いでした。

ただ入院生活も長くなると、困ったことも起きてしまいました。

お風呂にも入れない私は、定期的に清拭《せいしき》をしてもらっています。体の隅から隅まで、きれいにタオルでふいてもらうのです。

彼女が清拭にきてくれると、誰よりもていねいに体をふいてもらえました。

それはいいのですが、ペニスまで念入りにタオルでこすってくるので、体が反応してしまうのです。

まずいと思ったときには手遅れでした。刺激を受けてペニスがムクムクとふくらんでしまったのです。

「あらあら、先生もまだまだお若いんですね」

彼女は軽く笑い飛ばしていましたが、私はあまりの恥ずかしさに消えてしまいたい思いでした。よりにもよって、昔の教え子の前で勃起してしまうとは、いい年をして情けない限りです。

幸いにも清拭の間は何も起こらずにすみました。しかし病室を出ていく際に、彼女がやけに熱っぽい目で私を見ているのが気になっていました。

次の日の晩です。深夜の消灯時間に、突然彼女が私の病室にやってきたのです。

「急にどうしたんだね？　いったい……」

驚いている私に彼女は「シーッ」と指で合図し、ベッドに近づいてきました。

どうやら今日は夜勤の日らしく、彼女は休憩時間に抜け出してきたというのです。

しかし私は、ナースコールを押した覚えはありません。そうでなければ夜中に病室を訪れる理由などありません。

すると彼女は、ベッドに横たわっている私の股間に手を伸ばしてきたのです。

「お、おいっ!?」

あわてて制しようとする私に、彼女はこう言いました。

「私、ずっと先生にお礼をしたいと思っていたんです。見捨てずに卒業まで面倒を見てくれたおかげで、こうして看護師にもなれたんですから。その恩を、ここで返させてください……」

おそらく彼女は私を清拭したときに、性欲が溜まっていると思ったのでしょう。私のために内緒で処理をしにきてくれたのです。

たしかに彼女の豊かな胸やお尻に、ムラムラすることはありました。ただ昔の教え子に手を出そうなどとは、まったく思っていませんでした。

それが向こうからわざわざ来てくれたのだから、私はどうしていいかわからずに、強く拒むことができなくなっていました。

そうしているうちに彼女は私の寝巻きを脱がせ、下着も引っぱりおろしました。

私のペニスはすでに硬くなりかけています。口ではどうこう言っても、やはり体は正直でした。

「ううっ……」

驚いたことに、彼女はつかみ出した私のペニスを、躊躇することなく口に含んだのです。

温かいぬめりの奥に吸い込まれ、私は快感のうめき声をあげました。

彼女の唇は深くペニスを呑み込むと、ゆっくりと動きはじめました。舌を絡みつかせながら上下に顔を揺すってきます。

前日の清拭よりもはるかに強烈な刺激でした。私のペニスはそのとき以上に勃起していました。

なにしろ、ここは病院のベッドです。フェラチオをしている相手は人妻の看護師であり、昔の教え子でもあるのです。

私にとっては、いくつもの禁忌《きんき》を犯しているも同然でした。それだけに、より興奮していたのかもしれません。

次第に彼女の口の動きにも熱が入り、快感はさらに強まってきました。

すると不意に、彼女の唇がピタリと止まりました。そのままペニスを吐き出すと、腰を上げてナース服を脱ぎはじめました。

ナース服の下は地味な下着ですが、体はむっちりとよく熟れています。

たわわに実った胸のふくらみは、見るからに重たげでまるまるとしていました。下半身はさらに肉づきがよく、ショーツがお尻に食い込んでいます。

「昔よりもちょっと太っちゃいましたけど、よく男の患者さんにジロジロ見られるんですよ」

そう言って彼女は、よく実ったお尻を私に見せてくれました。

いますぐに手を伸ばしてさわりたいのを、グッとこらえます。フェラチオまでされておきながら、私はまだ性欲を暴走させまいとしていました。

そんな私をあざ笑うかのように、彼女はショーツも脱いでみせたのです。

「先生も私の体、遠慮せずにたっぷり楽しんでくださいね。私もいっぱい気持ちよくしてあげますから」

彼女はベッドに横たわっている私の顔に、背を向けて跨ってきました。

腰を屈めた彼女のお尻が、すぐ目の前に迫ってきます。

びっしりと生えた陰毛の奥に、濡れた股間が口を開いていました。ムワッとするなまなましい匂いを放ち、ピンク色の肉襞をのぞかせています。

こんなものを見せつけられてはたまりません。ますます私の興奮は高まり、思わず匂いをかぐために息を吸い込みました。

さらに彼女は私の上で四つん這いの格好になり、フェラチオの続きを始めました。

再びすっぽりとペニスを含まれた私は、とうとう我慢できずに彼女のお尻を両手で引き寄せました。

繁みに顔を埋め、舌を差し出します。私も彼女と同じように、股間にむしゃぶりつきました。

「ンンッ……」

ペニスを咥えている彼女の口から、かすかな喘ぎ声が洩れてきました。

いったん気持ちの抑えがきかなくなると、私は股間を舐めることを躊躇しなくなりました。もはや元教師の体面など、どこにもありません。

それにしても、彼女の熟れた体はどこもかしこもすばらしい限りでした。小さくすぼまったおむっちりと大きなお尻はスベスベしてさわり心地も抜群です。

とりわけ私を悦ばせたのは、彼女の感じやすさです。私が舌を走らせるたびに、彼女は喘ぎながらお尻をもじつかせるのです。

「ンッ、ああ……あんっ。そこ、気持ちいいです」

ときおりペニスを口から吐き出しては、甘い声で訴えてきます。

いやらしくヒクつく膣から、ヌルヌルした液が溢れ出してきました。彼女の愛液はとても量が多く、次から次にわき出てきます。

こうなれば彼女のすべてを舐め尽くしてやろうと、私はお尻の穴まで舌を伸ばしました。

すると、さすがに彼女も驚いたようです。咥えたペニスを一瞬強く締めつけて、イヤイヤをするようにお尻を振りました。

しかし私がしつこく舌を走らせつづけると、彼女の抵抗も弱まり、それどころか明らかに感じているようでした。

私も彼女の舌と唇の愛撫で、たまらないほど快感が押し寄せてきています。一時も休まずにあらゆる場所を舐めながら、リズミカルに吸い上げてくれるのです。

亀頭に絡みつく舌の動きは、看護師ではなく風俗嬢を思わせるものでした。

こうして私たちは、夢中になってお互いの股間をむさぼり合いました。

私はてっきり、このまま彼女がお口で射精させてくれるものと思っていました。もちろんそれだけでもぜいたくな奉仕で、満足しないはずがありません。

しかし彼女は、たっぷりフェラチオをしてくれたばかりか、まだお尻に顔を埋めている私にこう言いました。

「先生、そろそろ……これを入れてみてもいいですか？」

私はすぐに返事ができず、しばらく考えてしまいました。

「いや、しかし……ほんとうにいいのか？　君だって人妻なんだから……」

「いいんです……あとは私に任せてください」

そう言うと、彼女は体の向きを変えて私に跨ってきました。

いまさらかもしれませんが、私はまだ最後の一線を越えてしまうことにためらいがありました。私にも年老いた妻はいますし、教え子だったころの彼女の面影も頭にちらついてしまうのです。

もっとも彼女は、私のためらいが本気でないこともわかっていたのでしょう。すでにペニスをつかみ、その上に腰を落とそうとしていました。

「動かないでくださいね。ちゃんと入りませんから」

虫がいいことに、私はその言葉で何もかも考えることを止めてしまったのです。

もうあとは流れに身をまかせるだけでした。私は初めて女性を抱いたときのように、期待に胸をふくらませて挿入されるのを待ちました。

やや遅れてペニスの先に、濡れた温かい感触が押しつけられました。

彼女の腰がゆっくりと沈んできます。

「う……おおっ」

ぬめった穴に呑み込まれた私は、体の芯が溶けてしまいそうな気持ちよさに包まれました。

「んんっ、先生の……とっても硬くて大きい！」

彼女は挿入を果たすと、私の上で色っぽく声を出しました。

「先生、苦しくはありませんか？」

「いや、だいじょうぶだよ」

苦しいどころか、どれだけ体重をかけられても気持ちよさしかありません。

彼女の膣はとても温かいうえに、締めつけも悪くはありませんでした。ペニスにまとわりつくように、ヌルヌルした感触が包み込んでくるのです。

むっちりと豊満な体といい、よく濡れた膣の具合といい、とても五十歳が近いとは思えません。

ここで彼女は忘れていたとばかりに、体に残っていたブラジャーをはずしました。

たっぷりとふくらんだ豊かな胸が、こぼれ落ちてきました。こちらのサイズも相当なもので、まちがいなく患者さんの視線を引きつけていることでしょう。

「先生、手を貸してください」

そう言われて私が手を差し出すと、彼女は自分の胸に引き寄せてさわらせてくれました。

「いつもはこんなことされたら、患者さんの手を引っぱたくんですけどね。先生は、お好きなだけどうぞ」

顔には笑みを浮かべていますが、気の強かった不良少女だったころを思い出しました。

ともかく私はベッドから動くことはできませんが、彼女が至れり尽くせりのサービスをしてくれます。私の替わりに腰を動かしながら、好きな場所をさわらせてもらえました。

「んっ、んんっ、どうですか？　私の体……もう若くはありませんけど、先生には、いっぱい気持ちよくなってもらいますから」

けっして楽な動きではないでしょうが、彼女は大いに張り切っていました。

それほど私に恩返しがしたかったのか、それとも自分も気持ちよくなりたいのか、おそらくは両方なのでしょう。

私は動くことは彼女に任せたまま、大粒の乳首もまとめて両手で胸をもみしだきつづけました。

そうしていると、少しずつ彼女の腰がリズミカルになってきます。体重をかけても私が痛がらないので、遠慮がなくなってきているようでした。

「あっ、あんっ、んっ……いいっ」

それにつれ、彼女の出す声も大きくなってきました。

「あんまり大きな声を出すと、外に聞こえてしまうよ」

「すいません、でも……我慢できないんです」

そう言って、私が注意をしても、まったく動きをゆるめてはくれません。

どうにかしなければと思っていると、自分の口をふさぐためでしょうか。彼女は私の顔を両手で押さえつけてキスをしてきたのです。

なんとも彼女らしい強引なキスですが、これはこれで悪い気分ではありません。

おそらく自分が舌を絡めながら、よだれも口から垂らしていることに気づいていないのでしょう。それを受け止める私も、遠慮なく舌を出してキスを楽しみました。

「ああ、先生……」

唇が離れたときに、うっとりとした声で私を呼ぶので、こう教えてやりました。

「もう学校の先生じゃない、ただのおじさんなんだよ」

「先生は、いつまでたっても私にとっては大切な先生なんですよ。卒業してもずっと忘れられなくて、こういうことをしてあげるのが夢だったんですから」

思わぬ恋心を告白されてしまい、年がいもなく照れてしまいました。

そのためでしょうか、彼女の膣内にあるペニスまで反応してしまったようです。

「あら、少し硬くなってきたみたいですね。もしかして興奮しました?」

彼女は腰を深く沈めたまま、クスクスと笑っていました。

こうなると私も、じっとしたままではいられなくなります。両手でお尻を抱え、下から腰を突き上げてやりました。

「あっ、はぁっん……先生、あまり無理をしないでください」

ずしりと重い彼女の体を支えるには、いまの私の体力ではさすがに無理です。

それでもどうにか腰を揺すっていると、少しずつリズムが出てきました。

彼女もわずかにお尻を浮かせて協力してくれています。私の動きに合わせて腰を小さく波打たせていました。

やがて息がぴったり合ってくると、ベッドが音を立ててきしみはじめました。

それだけではありません。私たちがつながっている場所から、ヌチュヌチュと湿った音まで洩れてきています。

たっぷりの愛液と締まりのいい膣のおかげで、快感が途切れることはありませんでした。

そろそろ射精も近くなり、彼女にもそれを伝えなければなりません。私は避妊具もつけていないからです。

「もうすぐ、出そうだよ……」

ところが彼女は私がそう言っても、まったく腰を止める様子はありません。

「待ってくれ、このままだと君の中に出してしまうよ」

「安心してください。半年ほど前に生理が上がったばかりですから。いくらでも私の中に出してもらってけっこうですよ」

まさかの返事でした。

彼女は最初から避妊など考えずに私を夜這いにきたのです。そればかりかペニスを抜かせないために、私の体を上から押さえつけながら腰を振りはじめたのです。

それまでよりもはるかに強い力で、お尻が下腹部に打ちつけられました。

ずっと彼女は手加減をしていたのです。彼女が本気で騎乗位をすれば、あっという間に私は果てていたでしょう。

「ああ、ダメだ。もう出る……」

とうとう私は快感に負けて膣内に射精してしまいました。

私の体に溜まっていたものは、すべて搾り取られました。彼女が私の体の上から退くまで、ペニスを抜かせてもらえなかったのです。

「セックスをしたくなったら、いつでも私を呼んでくださいね。昼間はこういうことはできませんけど、夜勤の日だったらたっぷり相手をしてあげますから」

病室を出て行く際には、彼女はこんな言葉も残してくれました。

それからというもの、私も彼女の厚意に甘え、退院するまで何度か性欲の解消をしてもらいました。図々しいと思いつつも、一度彼女の体を味わってしまうと忘れられなくなってしまったのです。

もっとも彼女も恩返しと言いつつ、ちゃっかり自分も楽しんでいたようです。退院する最後の日まで、一度も避妊具は使わずに私の精液を受け止めてくれました。

おかげでつらいはずの入院生活も、私にとっては極楽そのものでした。昔の苦労がこんな形で報《むく》われるとは、思いもしませんでした。

◉読者投稿手記募集中！

素人投稿編集部では、読者の皆様、特に女性の方々からの手記を常時募集しております。真実の体験に基づいたものであれば長短は問いませんが、最近のSEX事情を反映した内容のものなら特に大歓迎、あなたのナマナマしい体験をどしどし送って下さい。

- ●採用分に関しましては、当社規定の謝礼を差し上げます（但し、採否にかかわらず原稿の返却はいたしませんので、控え等をお取り下さい）。
- ●原稿には、必ず御連絡先・年齢・職業（具体的に）をお書き添え下さい。

〈送付先〉
〒101-8405
東京都千代田区神田三崎町 2－18－11
マドンナ社
「素人投稿」編集部　宛

◉新人作品**大募集**◉

マドンナメイト編集部では、意欲あふれる新人作品を常時募集しております。採用された作品は、本人通知のうえ当文庫より出版されることになります。

【応募要項】未発表作品に限る。四〇〇字詰原稿用紙換算で三〇〇枚以上四〇〇枚以内。必ず梗概をお書き添えのうえ、名前・住所・電話番号を明記してお送り下さい。なお、採否にかかわらず原稿は返却いたしません。また、電話でのお問い合せはご遠慮下さい。

【送付先】〒一〇一‐八四〇五 東京都千代田区神田三崎町二‐一八‐一一 マドンナ社編集部 新人作品募集係

素人《しろうと》告白《こくはく》スペシャル《すぺしゃる》 年《とし》の差《さ》不倫《ふりん》――背徳《はいとく》の肉悦《にくえつ》

二〇二一年 九月 十日 初版発行

編者◉素人投稿編集部【しろうととうこうへんしゅうぶ】

発行◉マドンナ社
発売◉二見書房 東京都千代田区神田三崎町二‐一八‐一一
電話 〇三‐三五一五‐二三一一(代表)
郵便振替 〇〇一七〇‐四‐二六三九

印刷◉株式会社堀内印刷所 製本◉株式会社村上製本所 落丁・乱丁本はお取替えいたします。定価は、カバーに表示してあります。

ISBN978-4-576-21127-5 ◉Printed in Japan ◉©マドンナ社